朝日新書
Asahi Shinsho 906

歴史のダイヤグラム〈2号車〉

鉄路に刻まれた、この国のドラマ

原　武史

朝日新聞出版

歴史のダイヤグラム〈2号車〉

鉄路に刻まれた、この国のドラマ

目次

第一章　天皇の祈りの旅　11

第二章　都会を離れて　57

第三章　文豪の夜行列車　107

第四章　事件は鉄路で　159

第五章　夢の駅弁　

凡例

・列車やバスの発着時刻などの表記は算用数字とし、ダイヤ改定で24時制が採用される一九四二（昭和一七）年一一月までは午前、午後を付けた。

・天皇の乗る専用列車は「お召列車の運転及び警護の取扱いについて」が制定される一九四七（昭和二二）年一〇月までは「御召列車」と表記した。

・〔　〕は著者による注記を表す。

・提供表記のある写真と著者撮影の写真以外は、すべて朝日新聞社の提供による。

第一章

天皇の祈りの旅

出雲大社へと至る鉄路

大学四年だった一九八五（昭和六〇）年二月、大阪を21時35分に出る大社《たいしゃ》ゆきの夜行急行「だいせん5号」に併結された寝台車（B寝台）に乗った。大社はその名の通り、島根県大社町（現・出雲市）にある出雲大社の玄関駅で、山陰本線の出雲市から分岐する大社線の終点だった。

三重県に母方の親戚が住んでいたので、伊勢神宮にはなじみがあった。だが出雲大社に行ったことはなく、親戚の家にいたとき突然行こうと思い立った。津を夕方に出る近鉄特急に乗れば、「だいせん5号」に間に合った。

翌朝目覚めると、空はまだ薄暗く、粉雪が舞っていた。米子や松江で乗客はあらかた降りてしまい、7時20分着の大社で降りた客は数えるほどしかいなかった。「だいせん5号」は大阪と大社を結ぶ唯一の急行なのだから、さぞかし参拝客に重宝されているに違いない。この思い込みはあっさり覆された。

1924年に２代目駅舎として竣工した旧大社駅

それでも初めて見た二四（大正一三）年竣工《しゅんこう》の大社駅舎には圧倒された。天井が高い木造の和風建築を眺めていると、これ自体が出雲大社の付属施設ではないかと錯覚するほどだった。駅舎が立派な分だけ、栄華を誇った時代との落差の大きさがかえって強く印象づけられた。

六一年九月までは、東京からも浜田・大社ゆきの夜行急行「出雲」が走っていた。松本清張の小説『砂の器』には、東京22時30分発のこの急行に刑事が乗る場面が出てくる。刑事は松江で降りたが、そのまま乗っていたら大社には18時6分に着いたはずだ。当時の大社駅は、東京や大阪を前夜に出た列車が十数時間かかって到着する終着駅としての威厳を保っていた。

ところが同年一〇月のダイヤ改定で、急行「出雲」は浜田ゆきとなり、大社には行かなくなった。

私が乗ったとき唯一残っていた大社ゆきの急行「だいせん5号」も、八五年三月のダイヤ改定で出雲市ゆきに変更された。それればかりか九〇（平成二）年四月には、大社線自体が廃止されてしまった。「だいせん5号」に乗ったときの乗客の少なさを考えれば、廃止もやむを得ないように感じたものだ。

同年五月、大学院生だった私は渋谷から夜行バスに乗り、出雲大社に向かった。明治初期に伊勢神宮との間で神社界を二分する大論争を行った宮司の千家尊福《せんげたかとみ》に興味をもち、関連資料を閲覧するためだった。一面の雪景色だった前回とは異なり、本殿の背後にそびえる八雲山の新緑が瑞々《みずみず》しかった。

資料の筆写を終えて外に出ると、雨が上がったばかりの境内に人の姿はなく、拝殿の屋根から水が滴り落ち、八雲山の上空には虹がかかっていた。ふだんは神を信じたことがなかった私の心にも、オオクニヌシの存在がひしひしと迫ってきた。

駅名から見える官民関係

一九〇三（明治三六）年一〇月、皇太子嘉仁《よしひと》（後の大正天皇）は軍艦高砂で海路を経由し、初めて愛媛県を訪れた。松山の玄関に当たる三津《みつ》から伊予鉄道の臨時汽車に乗り、松山で降りている（『大正天皇実録』補訂版第二）。

天皇になって間もない一二（大正元）年一一月には、陸軍特別大演習を統裁するため、新宿から御召《おめし》列車に乗った。列車は中央本線の国分寺から川越鉄道（現・西武国分寺線・西武新宿線）に入り、大本営が置かれた埼玉県の川越に着いた（同、補訂版第四）。

嘉仁が訪れた当時、松山にも川越にも国有鉄道の駅はなく、私鉄の松山駅、川越駅があるだけだった。だが二七（昭和二）年には、松山駅が「松山市」に改称される代わりに国有鉄道讃予線（現・予讃線）の松山駅が開業した。那覇を除く全国の県庁所在地で国有鉄道の駅が開業したのは松山が最も遅かった。

私鉄の後に国有鉄道の駅ができると、私鉄が名乗っていた本家の駅名を国有鉄道に譲っ

1924（大正13）年当時の西武鉄道川越駅（現在の本川越駅）＝川越市提供

てしまう。こうした事例は川越にも当てはまる。四〇年七月に国有鉄道川越線が開通して川越駅が開業すると、それまでの川越駅が「本川越」に改称されたからだ。

小田急小田原線では、三八年三月に相模原駅が開業した。当時はまだ相模原という地名はなかったが、四一年四月に相模原町（現・相模原市）が誕生し、国有鉄道横浜線の淵野辺―橋本間に相模原駅が開業すると、「小田急相模原」に改称された。開業間もない「民」の駅が、自らの駅名を「官」に譲ったのだ。

しかし、官尊民卑の風潮に敢然と抗《あらが》う私鉄がなかったわけではない。小林一三を創業者とする阪神急行電鉄、現在の阪急がそうだ。

二〇年七月、阪急神戸線の梅田―神戸間が開通した。実際には国有鉄道神戸駅から四キロ以上も離れた上筒井《かみつつい》に終点があったのに、それでもあえて「神戸」を名乗ったのだ。三六年に神戸線が延伸し、国有鉄道の三ノ宮駅に隣接して新たなターミナル（現・神戸三宮駅）が開業すると、阪急は神戸を「上筒井」に改称するのと同時に、このターミナルの駅名を「神戸」とした。阪急の神戸が「三宮」に改称される六八年まで、二つの神戸駅が全く異なる場所に存在し続けたことになる。

福沢諭吉は『学問のすゝめ』で、「凡《およ》そ民間の事業、十に七、八は官の関せざるものなし。これをもって世の人心益々その風《ふう》に靡《なび》き、官を慕い官を頼み、官を恐れ官に諂《へつら》い、毫《ごう》も独立の丹心を発露する者なくして、その醜体見るに忍びざることなり」と述べた。慶応義塾に学んだ小林一三は、鉄道事業を通して福沢の思想を実践しようとした。その痕跡は、駅名からも確認できるのだ。

皇太子夫妻のハネムーン

一九〇〇（明治三三）年七月二五日、上野発日光ゆきの臨時列車に、結婚したばかりの皇太子嘉仁（後の大正天皇）と同妃節子《さだこ》（後の貞明皇后）が乗った。目的地は完成間もない日光田母沢《たもざわ》御用邸だった。

しかし、このハネムーンには当初から不穏な空気が漂っていた。嘉仁は節子に洋風の旅行服を着せようとしたところ、節子が嫌がった。結局、上野駅までは通常の服装で行き、車内で旅行服に着替えることで落着したが、同行者は「妃殿下の御服装御みすぼらしく」感じたという（『佐佐木高行日記　かざしの桜』）。

日光田母沢御用邸の近くには侯爵鍋島直大《なおひろ》の別邸があった。直大の娘が、皇族の梨本宮守正《もりまさ》王と婚約していた伊都子《いつこ》だった。嘉仁は別邸を訪れ、八月一三日から滞在していた伊都子に会っている。二三日には、伊都子を膝《ひざ》の近くまで寄らせている（小田部雄次『梨本宮伊都子妃の日記』）。

新婚思い出の地である猪苗代湖畔の天鏡閣を再訪し、当時使った馬車を見つめる昭和天皇と香淳皇后＝1984年９月

この二日後、節子は単身で日光を発って帰京した。父親の九条道孝が危篤という電報を受けとったためだったが、実際にはそれほど悪い状態ではなく、九月三日に日光に戻っている。嘉仁は八月三一日の誕生日を一人で過ごさざるを得なくなった。

なぜ新婚早々にぎくしゃくした関係が生じたのか。嘉仁にはもともと伏見宮禎子《さちこ》という婚約者がいたが、健康上の理由から婚約が解消され、九条節子に代わった。そこに嘉仁の意思は反映していなかった。社会主義者の山川均は、この結婚を政略によるものと批判する文章を掲載した雑誌の発行責任者として、不敬罪に問われている。

嘉仁と節子に比べると、皇太子裕仁（後の昭和天皇）と久邇宮良子《ながこ》（後の香淳皇后）の結婚は難渋した。まず良子の家系に色覚障害の遺伝があるとして、山県有朋らが婚約の辞退を迫る「宮中某重大事件」が起こった。この事件が収まっても、裕仁が新嘗祭《にいなめさい》を行うことが結婚の条件とされたり、関東大震災が起こったりするなどの逆境に見舞われた。それでも裕仁の良子への思いは揺るがなかった。

二四（大正一三）年八月三日、二人は上野発日光ゆきの臨時列車に乗った。嘉仁、節子と同じハネムーンのように見えたが、日光に行ったのは田母沢御用邸にいた天皇と皇后に会うためで、本来の目的地は別にあった。五日に日光を出た列車は、東北本線と磐越西線を経由し、猪苗代湖畔の天鏡閣（高松宮別邸）に近い福島県の翁島《おきなしま》に着いた。

東京から翁島は日光よりずっと遠く、天鏡閣のほかにめぼしい別邸もなかった。裕仁と良子はここに滞在しつつ、モーターボートに乗って湖上の月を見たり、裕仁が手綱をとって良子と馬車で散策したりしている（『昭和天皇実録』第四）。苦難の日々のあとには、幸せの絶頂が待っていた。

戦後初めての御召列車

一九四五（昭和二〇）年一一月一二日午前8時、昭和天皇を乗せた五両編成の御召列車が東京駅を発車した。列車は東海道本線、関西本線、参宮線を経由し、伊勢神宮の下車駅である三重県の山田（現・伊勢市）に向かった。天皇が神宮を参拝するのは外宮《げくう》と内宮《ないくう》の祭神に戦勝を祈願した四二年一二月以来で、今回は「戦争終息」すなわち敗戦を報告するのが目的だった。

天皇は敗戦後初めて列車に乗って東京の外に出た。沿線の風景は三年前とはすっかり変わり、都市部はほぼ焦土と化していた。列車は途中の静岡、豊橋、四日市で徐行したが、天皇は戦災跡を見ながら「こんなに焼けたのはどこまで続くのか」と尋ねた（『徳川義寛終戦日記』）。

すでに連合国軍による占領統治が始まっていた。天皇の処遇がどうなるのかは、まだ誰にもわからなかった。東京から沼津まで乗務した明石孝は、「ひょっとしたらこれで御召

伊勢神宮外宮へ敗戦報告の参拝をすませた昭和天皇（右から3人目）。天皇服を着用している＝1945年11月、宮内省（当時）提供

列車は最後ではないか」と思ったという（『東京ゲタ電物語』）。

　戦前の行幸では、沿線の警備や天皇の護衛は厳重をきわめた。列車が通る駅のホームに入れる資格をもった人々も制限された。ところが今回は天皇自身がそれらをいっさい撤廃するように命じた。敗戦の衝撃がまだ冷めやらなかった当時、警備や規制をなくせば何が起きるかは予想もつかなかった。

　列車に同乗した内務大臣の堀切善次郎は警察行政のトップでもあったから、なおさら気が気でなかった。だが実際に目にしたのは、不安を払拭《ふっしょく》する光景だった。

「御召列車が名古屋に着いたときには、熱狂した歓迎の人波が駅頭にあふれ、列車の窓辺まで押し寄せ、その人たちの顔も声も、ただ感激そのものであったのである。（中略）御召列車が伊勢路に近づくにしたがって、田畑を耕作している農村の人々は、鍬《くわ》をさしあげて〝万歳〟の歓声をあげる」（『松村謙三　三代回顧録』）

これには同乗していた内大臣の木戸幸一も驚いたようだ。「沿道の奉迎者の奉迎振りは、何等《なんら》の指示を今回《こんかい》はなさゞりしに不拘《かかわらず》、敬礼の態度等は自然の内に慎《つつしみ》あり、如何《いか》にも日本人の真の姿を見たるが如《ごと》き心地して、大《おお》いに意を強ふしたり」（『木戸幸一日記』下巻）

戦前とは異なり、沿線では奉迎の必要がなかったのに、人々は自発的にホームに集まったり、万歳をしたりした。たとえ天皇の姿が見えなくても、先頭の機関車に日の丸を交差させた列車が走るだけで戦前と同じ光景を再現できたのだ。

天皇の戦争責任を問う声は、どこからも聞こえてこなかった。翌四六年以降、御召列車は全国各地で運転されることになる。

権力者とダイヤの関係は

二〇一五（平成二七）年九月一〇日の15時ちょうど、三陸鉄道北リアス線（現・リアス線）の久慈駅から明治学院大学原武史ゼミの関係者を乗せた宮古ゆきの列車が出発した。この列車は、時刻表には載っていなかった。東日本大震災による津波の被害を受けた沿線を視察するために運転された、貸し切りの臨時列車だったからだ。

列車は途中の区間で徐行や停止をしたり、被害の大きかった駅でしばらく停《と》まったりした。もともと列車の本数が少なかったからこそ、乗客の意向を踏まえて融通のきくダイヤを組むことができたのだ。

鉄道は通常、ダイヤ通りに走り、それに合わせて乗客の行動が分単位で規制される。しかし三陸鉄道では逆に乗客の都合に合わせて臨時列車が運転された。もちろん単線なのでダイヤ通りに走る対向列車との調整は必要だが、乗客の意向にしたがってある程度自由に列車を動かせるのは新鮮な発見だった。

もし全く思い通りに列車を動かせたらどうなるか。ダイヤはもはや成り立たなくなる代わりに、乗客が絶対の権力をもつことになる。二〇世紀の独裁者は、まさにそうやって列車を動かした。

例えばヒトラーは、総統特別専用列車に乗って欧州を自在に移動した。列車には対空砲や最新の通信設備や食堂などが備えられ、車内で宿泊や会談もできた。ナチスの総統大本営があったポーランドのケントシン郊外には、いまなお列車が乗り入れた引き込み線の跡が残っている。

シンガポール陥落祝賀に集まった市民らに、二重橋上で白馬にまたがり、手を上げて応える昭和天皇＝1942年２月

毛沢東も専用列車を意のままに使ったようだ。侍医の李志綏《リーチースイ》は、「毛が旅に出れば、時刻表も何もなかっ

た。毛が目をさましたときにだけ列車は走り、眠ると停車するのであった。その睡眠パターンは一定していないから、専用列車の運行ぶりも一定していなかった」（『毛沢東の私生活』上）と回想している。

戦前日本の御召列車は違った。綿密なダイヤが作成され、天皇といえどもダイヤに従わねばならなかった。そのダイヤは前もって公表され、沿線では多くの人々が列車を奉迎するために動員された。つまり列車そのものが、天皇と臣民の関係を可視化する装置と化したわけだ。

そもそもダイヤがなく、いつ移動するかも明らかでなかったヒトラーや毛沢東の列車では、こうした動員は不可能だった。彼らは列車を純粋に移動の手段として使う半面、ベルリンや北京のような首都を政治空間として大々的に改造しようとした。

一方、戦前の東京では、天皇が公共空間に現れる場合、既存の広場や橋や練兵場などが使われ、広場に仮宮殿が建てられることはあっても首都自体の大々的な改造はなされなかったのに対し、御召列車が走ると沿線全体に政治空間が生まれた。彼我の違いは大きいと言わねばなるまい。

元老・西園寺公望の上京

一九三一（昭和六）年一二月一二日、東海道本線の興津《おきつ》を午前9時34分に出る東京ゆきの普通列車に、八二歳になる西園寺公望が乗った。西園寺は二〇（大正九）年、静岡県興津町（現・静岡市）に別邸「坐漁荘《ざぎょそう》」を建て、私邸のあった東京市神田区（現・千代田区）駿河台から移り住んでいた。

西園寺の上京が決まったのは昨一一日夕方だった。立憲民政党の若槻礼次郎内閣が総辞職したのに伴い、昭和天皇は内大臣の牧野伸顕に意見を聞いた。牧野は「時局極めて重大なれば」（『牧野伸顕日記』）、最後の元老だった西園寺を早く呼ぶべきだと答えた。

三一年九月の満州事変勃発を機に、軍部の力が増大しつつあった。第一党の内閣が瓦解《がかい》した場合、第二党（このときは立憲政友会）の党首が組閣する「憲政の常道」と呼ばれる慣行がそれまで続いてきたが、牧野は非常時に際して二大政党による「協力内閣」もあり得ると考えていた。ほかにも若槻に再度組閣させ、引き続き時局の収拾に当たらせる構想

上京のため興津駅に到着した西園寺公望＝1932年3月

があった。

西園寺は、坐漁荘に移ったとき、まさか頻繁に上京することになるとは思わなかっただろう。というのも、興津は普通列車しか停まらない駅だったからだ。特急や急行に乗ろうとすれば、興津より4駅神戸寄りの静岡までいったん行かねばならなかった。しかも東京ゆきの特急や急行が静岡を出るのは、早朝か午後しかなかった。午前の適当な時間に優等列車で上京することはできなかったのだ。

当時は丹那トンネルが開通する前で、東海道本線は現在の御殿場線を経由していた。興津を出た列車はすべての駅に停まり、終点東京の一駅手前の新橋に午後2時23分に着いた。西園寺は新橋で降りたが、緊迫した政局とは裏腹に、列車になんと五時間近くも乗り続けたわけだ。

それだけではない。当初の予定では、西園寺は天皇への拝謁《はいえつ》を終えてから、東京午後6時ちょうど発静岡ゆきの普通列車に乗ることになっていた。興津着は午後11時前。この強行スケジュールをものともしない体力がまだ残っていたということになろうか。

西園寺は迷った末、憲政の常道にしたがい政友会総裁の犬養毅を首相に推薦することに決めた。昭和天皇にそれを話すと、天皇は西園寺が直接犬養に会い、自らの懸念を伝えるよう求めた。このため西園寺は興津に帰る予定を急遽《きゅうきょ》取りやめ、駿河台の私邸に犬養を呼んだ（原田熊雄述『西園寺公と政局』第二巻）。

だが天皇の期待に反して犬養内閣は時局を収拾できず、翌年の五・一五事件により政党政治自体に終止符が打たれた。その四日後、西園寺は静岡午後1時40分発の特急「富士」に乗り、厳戒態勢のなか再び上京する。

「敵國降伏」を祈願する首相

先の大戦では、沖縄や硫黄島を除いた日本の本土で地上戦はなかった。だが歴史を遡《さかのぼ》ると、敵が本土に上陸し、本格的な地上戦が交わされたことがあった。文永一一（一二七四）年、元と高麗の連合軍が博多湾から上陸し、現在の福岡市内で日本軍と戦った文永の役だ。弘安の役とともに神風が吹いて連合軍を撃退したと言われてきたが、いまや神風説は否定されている。

JR鹿児島本線の箱崎駅に近い筥崎宮《はこざきぐう》では、「敵國降伏」と刻まれた楼門の扁額《へんがく》が目を引く。この扁額は、元寇《げんこう》に際して亀山上皇が「我が身を以《もっ》て国難に代わらん」と祈願したことに由来し、文禄三（一五九四）年に楼門が建立されたとき、上皇の自筆を模写拡大して掲げたものだ。

筥崎宮の主祭神は、『日本書紀』に描かれた神功皇后の三韓征伐の際、皇后の胎中にいた応神天皇で、武家の守護神である八幡大神と同一とされている。「敵國降伏」を祈る亀山上皇の思いは通じ、神風が吹いて日本は勝利したという言説は、昭和になるといっそう広まった。
　米英との開戦一周年に当たる一九四二（昭和一七）年一二月八日には筥崎宮で「伏敵祈願祭」が行われ、筥崎宮前の海浜でも「大東亜戦争一周年記念県民大会」が開かれた。伏敵祈願祭では、首相の東條英機の祝辞が代読された。
「往昔、國難の日、敵國降伏を祈願あらせられたる盛事を偲《しの》びつつ、今日大東亜戦争下、筥崎宮の大前において國民諸君と共に速かに戦争目的を完遂せんことを謹みて祈願し奉る」（『朝日新聞』四二年一二月九日）
　同年三月、東條は筥崎

筥崎宮の楼門に掲げられた「敵國降伏」の扁額＝福岡市東区

宮を参拝し、戦勝を祈願していた。今回は東京にいたため参拝できなかったが、筥崎宮に対する東條の思いはひしひしと伝わってきた。

伏敵祈願祭から三日後の一二月一一日の8時ちょうど、東京から御召列車が極秘裏に京都に向けて出発した。この列車の真の目的地は、翌一二日に天皇が戦勝祈願のため参拝する伊勢神宮だった。この列車には東條も乗っていて、天皇とともに神宮に参拝した。

列車が京都に着いたのは一一日の16時10分。東條が夜に天皇の一行から離れ、七月の関門トンネル開通により登場した東京発長崎ゆきの特急「富士」に22時54分発の京都から乗ることができれば、博多着は一二日の11時3分。12時2分発東京ゆき普通列車に乗り換えると、箱崎に12時9分に着けた。

昭和天皇が京都から伊勢に向かい、天照大御神をまつる伊勢神宮内宮で戦勝を祈願したのは、一二日の13時22分。つまり同じ時間に東條が筥崎宮で再び戦勝を祈ることも可能だった。敗戦後に天皇は、「神宮は軍の神にはあらず平和の神なり」(木下道雄『側近日誌』)と反省の言葉を口にした。

歓迎が難しい車移動

二〇二二年四月二〇日、秋篠宮は皇位継承順位一位の皇嗣《こうし》になったことを示す「立皇嗣の礼」の関連行事として伊勢神宮に参拝するため、秋篠宮妃とともに伊勢に向かった。立皇嗣の礼自体は二〇二〇年一一月に皇居で行われたが、神宮参拝は新型コロナの影響で延期されていた。宿泊を伴う夫妻の地方訪問は、二年三カ月ぶりだった。

明治から平成にかけて、天皇や皇族が伊勢神宮を参拝することはしばしばあった。伊勢まで鉄道が通じた明治後期からは鉄道を使うようになる。一九六四（昭和三九）年に東海道新幹線が開業すると東京から名古屋まで新幹線を、名古屋から三重県伊勢市の中心駅、宇治山田まで近鉄を使うことが慣例となる。

しかし今回は、駅などに人が密集するのを避けるため、東京から伊勢まで高速道路を経由し、夫妻は五〇〇キロ近い距離を自動車で移動した。鉄道を全く使わなかったという点では、街道を経由する明治前期のスタイルに戻ったと言えなくもない。

伊勢神宮内宮に到着した秋篠宮ご夫妻を乗せた車＝2022年４月20日、三重県伊勢市、代表撮影

そもそも、鉄道による移動と車による移動はどこが違うのか。言うまでもなく鉄道には分や秒を単位とするダイヤグラムがある。天皇や皇族が乗る列車といえども例外ではない。このため、一日のスケジュールもダイヤに規定される。列車が出る時間までに駅に行かねばならず、いったん発車すれば自らの意思で停止させることはできない。列車はダイヤ通りに走り、目的地の駅に到着する。

だからこそ、明治後期から昭和初期にかけては御召列車のダイヤが公表され、沿線の各駅では人々が所定の時間に集まり、列車に向かって最敬礼した。鉄道による移動そのものが、沿線で大がかりな奉迎を実現させたのだ。

確かに戦後になると、こうした奉迎は見られなくなってゆくが、それでも駅前では天皇や皇族の姿を見ようと人々が集まった。それは列車がダイヤ通りに到着することがわかっているからこそ可能になる光景だった。

一方、車による移動にはダイヤがない。いつどのようにして神宮に着くか知らされなければ、沿道で迎えることができなくなる。逆に言えば、移動の途中で多少休憩を長くしても問題は生じない。明治前期に馬車に乗って地方を訪問した明治天皇のように、自らの意思で馬車を止めて沿道の田植えを見学したようなゆとりができるのだ。

今回のスタイルは例外にすぎないかもしれない。それが定着すれば、皇室と人々の関係は希薄になり、象徴天皇制の基盤が揺らぎかねないからだ。しかし、たとえ秋篠宮夫妻が鉄道による地方訪問を再開できても、密集を考慮すれば天皇夫妻が再開するのは難しいだろう。実際に二〇二二年一一月に天皇夫妻が兵庫県を訪れたときには、鉄道ではなく飛行機や自動車を使った。

「氷川市」に込めた思い

近年、市町村合併により、長年親しまれてきた漢字の自治体名が消え、平仮名の自治体名が生まれるケースが増えている。多くは地方の小さな町や村が合併して新しい市が生まれる際、自己アピールを狙ったものだが、三つの市が合併することで県庁所在地の名称自体が変わってしまった事例がある。二〇〇一（平成一三）年に埼玉県浦和市、大宮市、与野市が合併してできたさいたま市だ。

合併に際し、市名が公募された。結果は一位が埼玉《さいたま》市、二位がさいたま市で、この二つだけで一万票を超えた。しかし埼玉というのは、行田《ぎょうだ》市にある埼玉《さきたま》古墳群からもわかるように、もともと県の北部にあった地名がイ音便化したものだ。実際に行田市は、一位の埼玉市に決まることに反発したという。

私自身もこの合併には並々ならぬ関心をもち、雑誌「観光文化」の二〇〇〇年三月号に「『氷川市』の誕生を望む　埼玉県の県庁所在地の問題に寄せて」という文章を寄稿した。

旧大宮市に位置する氷川神社。朱塗りの楼門が鮮やかだ＝2020年６月、さいたま市

けれども氷川市は、公募で四八六票しか得られず、一九位に沈んだ。

合併の主体である浦和市も大宮市も中山道の宿場町だったが、明治初期に埼玉県が成立すると、県庁所在地は浦和になる。しかし鉄道の発達とともに大宮は浦和をしのぐ交通の要衝となり、県庁移転の動きが出てくる。一九五〇（昭和二五）年に開かれた県議会の特別委員会では記名投票が行われ、浦和が六票差で逃げ切っている。

こうした長年の対立を踏まえれば、新市名を浦和市や大宮市にすることはできず、氷川市こそがふさわしいと考えたのだ。その根拠は、与野市を含めた三市のある埼玉県南部から東京都にかけて広く鎮座している氷川神社の存在にあった。

中でも大宮の氷川神社は大宮という地名の起源になるほど大きく、記紀神話に登場するアマテラスの弟、スサノヲを祭神の筆頭とする。一方、浦和の郊外には、大宮の氷川神社とともに武蔵国有数の古社とされる氷川女體《にょたい》神社がある。こちらはその名の通り、スサノヲの妃《きさき》のクシナダヒメを祭神とする。

つまり、浦和と大宮が長年の対立を超えて合併するということは、出雲でスサノヲとクシナダヒメが結婚して新居を構えたのと同じ意味をもつのではないか。私はそんな期待を込めて、氷川市を提案した。ちなみに氷川というのは、スサノヲがヤマタノオロチを退治した出雲の斐伊川《ひいかわ》に由来するとされることが多い。

だが、さいたま市という名称にすっかり慣れてしまった市民からは、きっとこう言われるだろう。「氷」なんて冷たい感じがしていやだ。それよりは、誰にでも読めて親しみやすい平仮名のほうがずっといいと。

列車から初めての日本海

一八七二（明治五）年一〇月一四日、日本で初めて新橋―横浜間に鉄道が正式開業した。明治天皇は開業式に出席し、この区間を列車に乗って往復した。

列車は新橋駅を出ると、まもなく左側の車窓に海が見えたはずだ。現在のＪＲ田町駅付近から品川駅付近にかけて海岸線近くの浅瀬に盛り土をした「高輪築堤」の上を列車が走ったからだ。二〇一九年にこの築堤が発見されたことは、まだ記憶に新しい。

つまり明治天皇は、新橋から初めて乗った日にもう海を眺めていたわけだ。ここで言う海とは、太平洋に開けた東京湾だった。以来、天皇は現在の東海道本線に乗るたびに太平洋（の一部）を眺めることになった。

それに比べると、明治天皇が列車の窓から日本海を眺めた機会はずっと少ない。初めて見たのは一八八一年八月に現在の函館本線にほぼ当たる手宮―札幌間に乗ったときで、朝《あさ》里《り》から銭函《ぜにばこ》にかけて石狩湾ぎりぎりを走る列車から見えたはずだ。一九〇二年一一月と

日本海の荒波が押し寄せるＪＲ青海川駅＝新潟県柏崎市

一一年一一月には、大里《だいり》（現・門司）ないし門司（現・門司港）から現在の鹿児島本線に乗っているから、福岡県の古賀付近から玄界灘を眺めることもできただろう。しかし天皇が日本海を見てどう思ったかを知る手がかりは残っていない。

大正天皇は皇太子時代にあたる〇二年五月、列車に乗って新潟県を訪れている。いまでも直江津から信越本線の下り列車に乗ると、日本海がよく見える。とりわけ青海川《おうみがわ》という駅は波うちぎわに設けられていて、波の荒い日にはホームにしぶきがかかることすらある。

列車が青海川にさしかかったときだった。大正天皇は、車窓いっぱいに広がる日本海を初めて目にした感動からか、同行していた新潟県知事に「何か詩でも出ぬか」と声をかけた（原武史『大正天皇』)。大正天皇にとっての詩とは漢詩にほかならず、全国各地を訪れるたび、風景を題材に漢詩を詠んだ。禁欲的な明治天皇とは性格がまるで異なっていた。

かく言う私も、初めて列車から日本海を見たときの記憶は鮮明だ。中学二年だった七六(昭和五一)年七月、山口県の東萩から山陰本線の下り急行「さんべ1号」に乗ったときだった。列車は、日本海に注ぐ阿武川の三角州につくられた萩の市街地の南側を大きく迂《う》回《かい》したかと思うと、いきなり海沿いに出た。

その瞬間、あっと声を上げそうになった。まるで南国の海のようにエメラルドグリーンに輝いている。松本清張の『ゼロの焦点』で刷り込まれた暗く荒涼とした日本海のイメージは、最初の瞬間に打ち砕かれた。このときの印象が忘れられず、三年後の夏にわざわざ海水浴をしに再訪したのだった。

「平和の神」としての天照大御神

明治から戦前にかけて、陸軍特別大演習と呼ばれる軍事演習があった。毎年秋に二個以上の師団が東西両軍に分かれて教練の成果を競い合うことを目的として行われ、天皇が統監した。大演習のあとに挙行される観兵式は、地方の兵士が天皇を仰ぎ見られる貴重な機会となった。

演習地は、北は北海道から南は鹿児島県までの各地に及んだ。昭和天皇は大正天皇の体調悪化に伴い、皇太子だった一九一九（大正八）年から演習地に赴き、摂政になる二一年から天皇に代わって大演習を統監した。

陸軍特別大演習を各地でおこなえたのは、東京を中心とする鉄道網が確立されたからだ。明治中期以降、天皇の地方行幸は大演習の統監を目的とするものが主流となる。天皇を乗せた御召列車が走る沿線では、各駅のホームに地元民が整列し、列車に向かっていっせいに敬礼する光景が展開されるようになる。

1936年、北海道で行われた陸軍特別大演習で、御野立所（観戦所）で奏上を聞く昭和天皇

ところが、大演習が二度計画されながら中止となった県があった。天照大御神をまつる伊勢神宮内宮（皇大神《こうたいじん》宮《ぐう》）のある三重県だった。一度目は二三年で関東大震災のため、二度目は三七（昭和一二）年で日中戦争の勃発のため、それぞれ中止された。

果たしてこれは単なる偶然なのか。天皇自身そうは考えていなかったことが、占領期の側近の日記や拝謁《はいえつ》記から浮かび上がってくる。

侍従次長の木下道雄は四六年一月一三日の日記で、伊勢地方で大演習が実現しなかったのは、「平和の神」である天照大御神をまつる神宮のある県で戦争を想定した演習をしようとしたからだと受け取れる天皇の発言を書きとどめている（『側近日誌』）。

宮内庁長官の田島道治《みちじ》も、「三重県の大演習は幾度計画しても不可能となるのは、非科学的ではあるが不思議と思ふ。天照大御神は平和の神、高産神は戦争の神といふ事がある故、掌典長は天照大神の方の信仰でないと困る」という天皇の発言を五〇年七月一〇日に記している（『昭和天皇拝謁記』一）。「高産神」は『日本書紀』で高天原の司令塔として、葦原中国《あしはらのなかつくに》のオオクニヌシ（大国主神）を屈服させたタカミムスビ（高皇産霊尊）のことだろう。

さらに同年九月一八日には、日米開戦から一年後の四二年一二月に伊勢神宮で戦勝を祈願したことを天皇が反省し、「神道に副《そ》はぬ事をした為《ため》に神風は吹かず、敗戦の神罰を受けたので皇太〔大〕神宮に対する崇敬の念を深くした」と発言したことが記されている（同）。

天皇は敗戦を、「平和の神」のはずの天照大御神に戦勝を祈ったことによる「神罰」ととらえていたようだ。戦後の天皇の度重なる伊勢神宮への参拝を、こうした見地からとらえることもできるのではないか。

「国づくり」の本拠地を訪ねて

ＪＲ山陰本線に静間《しずま》という駅がある。世界遺産に登録された石見《いわみ》銀山で有名な島根県大田《おおだ》市にあるが、普通列車しか止まらない。日本海沿いを走る山陰本線にありながら、駅から海が見えるわけでもない。地元の住民以外、利用客はほとんどいないと言ってよいだろう。

一九九一（平成三）年九月、静間駅に降りたことがある。東京大学大学院で修士論文「復古神道における〈出雲〉」（現在は『〈出雲〉という思想』に所収）を書き上げて間もなくのころだ。

この論文で言及した江戸後期の国学者、平田篤胤の著作のなかに、気になる一節があった。記紀神話に出てくるオオクニヌシとスクナビコナという二柱の神が、地上を人の住める世界にするために行った「国づくり」の本拠地を、石見国安濃《あの》郡静間村の「志都岩屋《しづのいわや》」としていたのだ（『古史成文』）。

レトロな雰囲気を残す温泉津温泉街＝島根県大田市温泉津町

なぜ二柱の神は、記紀の舞台となった出雲国ではなく、隣接する石見国を本拠地としたのか。この問いに対して、篤胤は「神世には、此安濃郡あたりも、出雲国なりけむ、と所思《おぼ》ゆるなり」（『古史伝』）と答えている。もともと安濃郡は出雲の勢力圏にあったとしたわけだ。

「志都岩屋」は「静《しず》之《の》窟《いわや》」と表記され、いまなお静間駅に近い海岸にある。この事実を知ったときの衝撃は大きかった。出雲市12時9分発益田ゆきの山陰本線下り普通列車に乗り、12時57分着の静間で降りたのは、どうしても自分の目で現地を確かめてみたいと思ったからだ。

地図を頼りに、人の往来しない道をしばらく歩いて行った。両側が竹やぶに覆われた狭い坂道を下りてゆくと、急に視界が開けた。前方に石州瓦と一目でわかる赤い屋根の家々が現れ、その向こうには青々とした海が広がった。赤と青のコントラストに思わず目を見張った。

「静之窟」は、集落のはずれの海岸にあった。鳥居が立ち、社殿に当たる場所に海食洞がぽっかりと口を開けている。思ったよりも小さく、いささか拍子抜けした。それでもこの集落にとっては、神代から受け継がれた大切な聖跡なのだろう。堤防を乗り越えて洞窟に入ってゆくだけの勇気はなかった。

静間駅まで戻って15時45分発浜田ゆきの下り普通列車に乗り、16時11分着の温泉津《ゆのつ》で降りた。静間とは違い、急行や一部の特急が止まる山陰本線の主要駅の一つだった。

駅名標には温泉マークが掲げられ、駅を出てしばらく歩くと温泉街があった。だが出雲の玉造温泉（松江市）のように、オオクニヌシとスクナビコナが発見したという伝説はなかった。大正時代に建てられた公衆浴場につかりながら、二柱の神の勢力は石見のこのあたりまでは及ばなかったのかなどと考えた。

開戦と皇太后の「疎開」

日本が米英に宣戦布告して九日後の一九四一（昭和一六）年一二月一七日。大正天皇の后《きさき》で昭和天皇の母に当たる皇太后節子《さだこ》（貞明皇后）を乗せた自動車が、午後0時40分に住まいの大宮御所を出て東京駅に向かった。

午後1時、神戸ゆきの特急「鷗《かもめ》」が東京駅の東海道本線ホームを発車した。その一〇分後、皇太后を乗せた列車が、「鷗」のあとを追うように発車した。時刻表に記されていない御召列車で、一般客は乗れなかった。

「鷗」は静岡県の沼津に午後3時に着いた。御召列車は「鷗」と同じ速度で走り、一〇分後に沼津に着いた。皇太后は下車するや車に乗り換え、沼津御用邸に向かった。

皇室用語では、天皇の外出は行幸、皇后や皇太后や皇太子の外出は行啓と呼ばれる。当時は行幸だけでなく行啓も大きなニュースになった。しかし、この行啓は全く報道されなかった。

沼津御用邸西附属邸の玄関。現在は沼津御用邸記念公園として一般公開されている

沼津行啓の目的は、開戦に伴う「疎開」にあった。当初は防空上の理由から栃木県の日光田母沢御用邸に疎開させようとしたが、皇太后が拒んだため沼津になった。

　破竹の勢いで日本軍が進撃した当時、疎開する皇族はいなかった。皇太后だけが疎開するのは不自然だった。同年一二月二八日に沼津御用邸を訪れた昭和天皇の弟の高松宮は、「沼津ニテ大宮様オ落付《おちつき》ノ様ナリシモ、少シハ御淋《さび》シイ様デモアツタ」と記している（『高松宮日記』第三巻）。皇太后は宮中で「大宮様」と呼ばれていた。

　三七年に日中戦争が勃発したときから、皇太后は戦地から帰還した軍人にしばしば会うなど、戦争に並々ならぬ関心を示していた。皇太后だけを疎開させた背景には、東京からなるべく遠くに母親を離しておきたい天皇の意向があったように思われる。

だが「御淋シイ」皇太后が黙っているはずはなかった。開戦一周年を目前にした四二年一二月五日、皇太后は久しぶりに沼津御用邸から車に乗り、沼津駅に向かった。沼津からは、13時27分に長崎港発東京ゆきの特急「富士」が発車した。この特急を追うように、14時に皇太后を乗せた御召列車が発車した。列車は往路と同様、特急と同じ速度で走り、東京に16時に着いた。ほぼ一年ぶりに大宮御所に帰ってきたわけだ。

これも極秘だった。皇太后は五日後に天皇と皇后に会ったが、新聞は「御久方振りに宮城へ御参内」（『朝日新聞』一二月一一日夕刊）としか記さず、ずっと東京にいたかのように報道した。戦後公開された『木戸幸一日記』や「百武《ひゃくたけ》三郎日記」（未公刊）を見ると、四二年下半期の宮中で皇太后を東京に戻すべきか否かがいかに大きな問題となっていたかがうかがえる。

皇居に通った侍従の悩み

一九八九（昭和六四）年一月七日午前五時前、横浜市緑区（現・青葉区）若草台に住んでいた昭和天皇の侍従、卜部亮吾《うらべりょうご》の自宅の電話が鳴った。天皇の瞳孔が開いたという。卜部はすぐ外出し、最寄り駅に当たる東急田園都市線の青葉台駅に向かった。

当時の田園都市線の電車は、二子玉川園（現・二子玉川）と渋谷を結ぶ東急新玉川線（現・田園都市線）や、渋谷と半蔵門を結ぶ営団地下鉄（現・東京メトロ）半蔵門線に乗り入れていた。卜部が乗ったのは、青葉台5時41分発半蔵門ゆきの各停だった。青葉台には急行や快速（現・準急）が止まったが、早朝の時間帯にはまだ運転されていなかった。

電車は6時25分に半蔵門に着いた。卜部は地上に出るとタクシーを拾った。タクシーは駅名や線名にもなっている半蔵門から皇居に入り、天皇が闘病生活を送っていた吹上《ふきあげ》御所に向かった。

ちょうどそのころ、天皇は八七年八カ月に及ぶ生涯を終えようとしていた。御所に着い

昭和天皇と卜部亮吾侍従＝1987年

たときには、寝室に横たわっていた。「たんかにて御尊骸を御寝室からお居間にお移しするあまりに重いのに驚く」（『昭和天皇最後の側近　卜部亮吾侍従日記』第四巻）と卜部は記す。

前年九月一九日に天皇が大量吐血してから一月七日に亡くなるまで、卜部は緊張に満ちた日々を過ごした。この間、宿直の日などを除き、土日や元日を含む毎朝、皇居に通うため青葉台から半蔵門まで電車に乗るのが日課となった。卜部が悩まされたのは、大手私鉄のなかでも突出する田園都市線の混雑だった。

卜部がよく利用したのは青葉台8時15分発の急行か8時25分発の快速で、急行だと9時15分に、快速だと9時30分に吹上御所に着けた。しかしどちらも、青葉台からだと座れなかった。六四歳の卜部にとって、毎朝の通勤はあまりにきつかった。

やがて卜部は、8時18分発の各停や8時21分発の各停に乗るようになる。途中で急行や快速に抜かれるため余計に時間がかかるが、座れる確率が高かったからだ。

それでも座れないことがあった。一二月一二日には8時18分発に乗ったが座れず、青葉台の次の快速停車駅だった、たまプラーザで快速に乗り換えた。一二月一五日には8時18分発で座るつもりが21分発しか座れなかった。天皇の具合が日増しに悪くなってゆくころ、卜部は毎朝の通勤電車に体力を奪われていた。

平成になっても、卜部は毎朝皇居に通う生活をしばらく続けた。田園都市線の混雑は一向に緩和されなかった。苦肉の策として考えたのは、下り電車で青葉台から二駅隣の長津田までいったん行き、上りの始発電車で座るという方法だった。

秩父宮と御殿場線の臨時列車

占領期の日本は、GHQによる間接統治下にあった。政府はもちろん、天皇や皇族といえども公然と政策に異を唱えることはできなかった。

しかしこの原則を破った皇族がいた。昭和天皇の一歳下の弟で、結核のため静岡県御殿場の別邸で療養生活を送っていた秩父宮だ。

一九四九（昭和二四）年七月一三日、宮内庁長官の田島道治はマッカーサーの副官のバンカーに呼ばれ、英語で記された秩父宮へのインタビューを見せられた。そこにはGHQを批判しているとしか思えない文章が記されていた。

田島の行動は素早かった。この日のうちに天皇が滞在していた葉山御用邸を訪れると、天皇は「兎《と》に角《かく》御殿場へ行き、きけ」と言う（『昭和天皇拝謁記』一）。直接会って秩父宮の真意を確かめるよう命じたわけだ。

翌一四日、田島は宮内庁に登庁してから、東京9時5分発の東海道本線下り熱海ゆき普通列車に乗った。そして10時46分に国府津《こうづ》に着くや11時発の御殿場線下り沼津ゆき普通列車に乗り換え、12時25分着の御殿場で降りた。

秩父宮は田島に、自分が言いたかったのは「日本人の自覚」があるかどうかを反省することであり、誤訳されたため「進駐軍の批評」のように受け取られたと弁解した（『昭和天皇拝謁記』六）。少し口論になったものの、真意を確かめた田島は御殿場14時7分発の上り列車に乗った。国府津での乗り換えを経て東京に着いたのは17時。すぐバンカーに会い、秩父宮の言葉を伝えた。

翌一五日、田島は再び葉山を訪れた。天皇は田島に対し、秩父宮をはじめとする皇族に会い、言動につき注意するよう伝えよと命じた。

静岡・御殿場の別邸で過ごす秩父宮と勢津子妃＝1946年

翌一六日は田島にとってハードな一日となった。まず御殿場に再び行き、秩父宮に会ってから、直ちに帰京して皇太后（貞明皇后）や天皇の四歳下の弟、高松宮にも会う必要があったからだ。

田島は東京6時20分発の東海道本線下り沼津ゆき普通列車に乗り、8時1分着の国府津で降りた。時刻表を見る限り、御殿場線下り沼津ゆきの普通列車は、国府津7時20分発のあとには11時発までないはずだった。

だが田島は「乗換都合よく九・四五御殿場着」と日記に書いている（『昭和天皇拝謁記』六）。時刻表に記されていない列車に国府津から乗り、9時45分に御殿場に着いたとしているのだ。御殿場から国府津に戻るときも同様だった。

田島がわざわざ「乗換都合よく」と記しているのを見ると、この列車は田島のために急遽運転された可能性が高い。発足したばかりの公共企業体、日本国有鉄道に対し、国府津―御殿場間に臨時列車を運行するよう宮内庁から指示が出されたのではないか。

第二章

都会を離れて

車窓から見た「田園都市」

一九二一（大正一〇）年五月一八日、英国の首都ロンドンに滞在していた皇太子裕仁（後の昭和天皇）は、ロンドンからケンブリッジに向かった。『昭和天皇実録』同日条には「午前九時三十分、特別列車にてキングズ・クロス駅を御発車、十時五十二分ケンブリッジ駅に御着」とある。一四日にオックスフォードを訪れた皇太子は、もう一つの大学町にも足を延ばしたのだ。

私自身も、二〇〇六（平成一八）年夏にケンブリッジ大学のあるカレッジに客員研究員として滞在したことがある。そのときには皇太子が乗ったのと同じルートに当たるキングス・クロス―ケンブリッジ間を往復した。

正直に言えば、大学に行くよりも列車でロンドンに出掛けるほうがずっと多かった。連日のように駅の窓口でデイリターン（日帰り往復）の切符を買ううち、職員から「またお前か」という顔をされるまでになった。

ケンブリッジ方面ホームから見たレッチワース・ガーデンシティー駅
＝2006年８月、著者撮影

キングス・クロス駅は、一八五二年に完成した駅舎をまだ使っていた。改札はなかった。各列車の行き先や発車時間などを知らせる電光掲示板はあったが、どのホームから発車するかは直前になるまでわからなかった。

キングス・クロス―ケンブリッジ間は七六キロ。首都圏でいえば東京と埼玉県の深谷の間にほぼ相当する。途中ノンストップの「ケンブリッジ・エクスプレス」以外は、列車によって停車駅が違った。日本のように急行や快速に当たる種別がないから、電光掲示板でいちいち停車駅を確認しなければならなかった。

キングス・クロスを出るとしばらくはロンドンの郊外らしい住宅地のなかを走った。

だが丘陵地をトンネルで抜けるたびに緑が多くなり、一〇分も経つと北海道の日高や道東を思わせる風景に変わった。シラカバやポプラの林が線路端に迫り、馬や牛が遊ぶ牧草地が次々に広がったのだ。何度も列車に乗りたくなったのは、この落差の大きさに目を奪われたからだった。

途中、ウェリンとレッチワースという、「ガーデンシティー」が付いた二つの駅を通り過ぎた。日本語に訳せば田園都市だ。どちらも周囲に広大な緑地帯が広がり、田園都市の基本理念である職住近接のコミュニティーがなおも保たれていた。東急の多摩田園都市のルーツはここにあるが、彼我のあまりの違いを思わずにはいられなかった。

レッチワースを過ぎると丘陵がなだらかになり、地平線まで見渡せる眺めが続いた。英国では夏の日没が遅く、午後八時半ごろになってようやく傾いた夕日が平原一帯を鮮やかに照らし出した。かつて皇太子が眺めた以上の絶景に接しているという感を抱きながら、キングス・クロス駅で買っておいた紅茶を飲むひとときを愛した。

峠の駅で続く餅の立ち売り

山形新幹線の福島―米沢間は、全国の新幹線のなかで最も新幹線らしくない区間だろう。板谷峠を越えるこの区間は三〇パーミル（一〇〇〇メートル進んで三〇メートル上がる）を上回る急勾配が連続する難所で、四〇・一キロを三〇分以上かかって走るからだ。

新幹線というのは本来、在来線（幹線）とは別の線路を走るからこう呼ばれる。だが一九九二（平成四）年に開業した山形新幹線は、もともとあった奥羽本線の線路幅（一〇六七ミリ）を新幹線に合わせて一四三五ミリに広げ、東北新幹線から直接乗り入れられるようにしたため、ミニ新幹線と呼ばれている。ルートは在来線のままで、普通電車しか停まらない山間部の無人駅も残っている。

その一つに峠という駅がある。文字どおり板谷峠に近く、標高は六二二メートルと奥羽本線で最も高い。現在は雪をよけるスノーシェルターのなかにホームがあるが、新幹線が開通する二年前までスイッチバックになっていて、本線の線路から分かれたところにホー

いまでも峠駅で売られている「峠の力餅」＝2007年、山形県米沢市のJR峠駅

ムがあった。

平成になったばかりのころ、福島から奥羽本線の普通に乗ったことがある。当時はまだ電車ではなく、客車列車だった。峠に着くとホームで「ちからちからー」と叫ぶ声がする。何だろうと思って外を見ると、「峠の力餅」と記された木箱をぶら下げた女性が立ち止まり、客の求めに応じて窓越しに力餅を渡している。餅を駅弁と同じように売っていることに驚いた。スイッチバックのため停車時間は十分あった。

いまでも峠駅では、昼間に普通電車が着くと、ホームで力餅が売られている。福島―米沢間は新幹線のほうが圧倒的に本数が多く、峠には上下各六本しか電車が停まらない。それでもわずかな停車の間にすばやく力餅を販売する光景が見られるという。駅弁も含めて、立ち売りのスタイルを守っている駅はもうほとんどない。

高松宮は三三（昭和八）年一二月二二日の日記で、全国の駅の「名物」と「甘いもの」を記している。「甘いもの」として挙げたのは、己斐《こい》（現・西広島）の「大石餅」、草津の「姥ヶ餅《うばがもち》」、福井（原文では福岡）と米原の「羽二重餅《はぶたえもち》」だった。おそらく当時は、これらの餅が駅で売られていたのだろう。だが高松宮は、峠の力餅も加えるべきだった。なぜなら力餅は〇一（明治三四）年からずっとホームで売られてきたからだ。

二〇二一年五月、学会報告の準備のため山形新幹線に乗った。福島を出るとしだいに上り勾配になり、峠駅を通過した。巨大なシェルターに覆われた昼なお暗い空間のなか、小舟が発着する波止場のような細長いホームが見えた。人の気配は全くなかった。車窓に気をとられている乗客は、誰もいなかった。

二つのアーチ橋の絶景はいま

ＳＬの終焉《しゅうえん》が迫った一九七〇年代には、全国の国鉄でまだ走っているＳＬを撮るためのガイドブックがいくつも発売された。そのなかで私が引きつけられたのは、只見線の第一只見川橋梁《きょうりょう》（福島県三島町。会津檜原《ひのはら》―会津西方間）を渡るＣ11形蒸気機関車と、高森線（現・南阿蘇鉄道）の第一白川橋梁（熊本県長陽《ちょうよう》村〈現・南阿蘇村〉。立野―長陽間）を渡るＣ12形蒸気機関車の写真だった。

Ｃ11もＣ12も小型の機関車で、ローカル線を舞台に活躍していた。第一只見川橋梁と第一白川橋梁はともに昭和初期に完成したアーチ橋として名高かった。橋を下から支える円弧が虹のように美しく、その上を走る機関車がまるで天空を駆けているように見えた。国鉄で建設された鋼製のアーチ橋は、この二つだけだった。だが残念ながら七四（昭和四九）年から七五年にかけて、只見線からも高森線からもＳＬは消えてしまった。

それでもアーチ橋を見たいという思いが消えることはなかった。東京から行く場合、距

高森線の第一白川橋梁を渡る熊本ゆき普通列車＝1979年７月31日、著者撮影

離的には第一只見川橋梁のほうが近かったが、只見線の駅からのアクセスに難があった。第一白川橋梁に近い立野は急行の停まる大きな駅で、橋を眺められる戸下《とした》温泉まで道路が通じていた。

高校二年だった七九年七月三一日、私は熊本を12時28分に出る豊肥本線下り宮地ゆきの普通列車に乗った。この列車は第一白川橋梁を渡る高森線下り高森ゆきの列車を併結していた。立野に13時22分に着くと駅前にタクシーが停まっていた。「戸下温泉まで」と告げるや、タクシーは南阿蘇を水源とする白川の谷を下り、五分ほどで川沿いの一軒宿、碧翠楼に着いた。

明治時代に創業し、夏目漱石も泊まったこの宿は、さすがに古かった。真夏の日差しは強く、宿に付設されたプールで悠然と泳ぐ客たちが恨めしかった。下流のほうを見やると、切り立った峡谷にはさまれて橋が架かり、立野で切り離された下り高森ゆきの列車が通り過ぎてゆくのが見えた。

橋の高さは川から約六〇メートルもあった。もう少し近づきたいと思ったが、河原を埋める巨岩に阻まれて進めず、望遠レンズを持参するべきだったと悔やんだ。一時間ほど待ち、高森で折り返してきた上り列車を撮影した。

碧翠楼はダムの建設に伴い廃館となった。二〇一六（平成二八）年には熊本地震が発生し、第一白川橋梁は甚大な損傷を受けて架け替えられることになった。一方、第一只見川橋梁はいまなお使われている。近年では海外で知名度を上げ、コロナ禍が広まるまで世界中から観光客がわざわざこの橋を眺めるため訪れた。アクセスも改善され、只見線の会津宮下駅から絶景ポイントまで町営バスが運転されるまでになった。

「半島」としての千葉県

一九一四（大正三）年一二月一八日、東京駅の開業式で、首相の大隈重信が祝辞を述べた。「凡《およ》そ物には中心を欠くべからず。猶《な》ほ恰《あたか》も太陽が中心にして光線を八方に放つが如《ごと》し、鉄道もまた光線の如く四通八達せざるべからず、而《しこう》して我国《わがくに》鉄道の中心は即《すなわ》ち本日開業する此《こ》の停車場に外《ほか》ならず、唯《ただ》それ東面には未《いま》だ延長せざるも此《これ》は即ち将来の事業なりとす」（林章『東京駅はこうして誕生した』）

大隈によれば、東京駅は太陽にたとえられる。太陽が光線を八方に放つように、鉄道網もまた東京駅を中心として四方八方に延びなければならないのに、実際にはまだそうなっていない。東京駅から東側に線路が延びていないからだ。大隈は、「此は即ち将来の事業」としている。

二五年一一月に上野—神田間が高架開通して東北本線が東京駅に乗り入れ、東側に位置する東北地方や北関東の県庁所在地と線路でつながった。これで大隈の言う「将来の事

総武本線は東京駅に乗り入れるのに隅田川の下をくぐる。そのための地下トンネルが1971年に貫通した

業」は果たされたかに見えたが、それでもなお県庁所在地が東京駅と直結していない県が存在した。千葉県である。

千葉駅に向かう国有鉄道のターミナルは、長らく総武本線の起点、両国だった。三二（昭和七）年七月にようやく隅田川を越えて両国―御茶ノ水間が開通したが、東京駅は通らなかった。

大正末期まで荒川の本流に相当した隅田川は、東京東部の鉄道にとっての障壁となった。現在のとうきょうスカイツリーを起点とする東武鉄道も、押上《おしあげ》を起点とする京成電気軌道（現・京成電鉄）も、長らく隅田川を越えられなかった。千葉県に接する東京東部は、西部より大きな川や運河が多く、乗合汽船が発達したのだ。東武と京成の線路が隅田川を越えて現在の浅草と日暮里に達したのは、ともに三一年になってからだ。

総武本線の両国―御茶ノ水間が開通しても、両国は房総方面への列車が出るターミナルであり続けた。錦糸町―東京間が地下でつながり、東京駅が総武本線の新たなターミナルとなったのは七二年七月。大隈の祝辞からすでに半世紀以上がたっていた。

記紀に描かれたヤマトタケルの東征では、相模から現在の東京湾を渡って上総に着いたため、武蔵を経由しなかった。少なくとも古代では、現在の東京都より千葉県の方が都とつながっていたわけだ。だが明治以降の東京を中心とする鉄道網の発達は、千葉県をそこから外れて半ば孤立した「半島」にした。

いまでも東京駅から千葉方面に向かうには、地下五階まで下りたり、地上ホームから五〇〇メートル以上も歩いたりしなければならない。「半島」状態が完全に解消されたわけではないのだ。

姨捨のスイッチバックの価値

その男は、三重県の亀山を5時30分に出るJR関西本線上り名古屋ゆき普通電車に乗っていた。早朝に電話が鳴り、実家の長野にいた父親が倒れたと知らされたのだ。

名古屋に6時43分に着くと、男は7時ちょうど発中央本線下り長野ゆき特急「しなの1号」に乗り換えた。名古屋と長野を結ぶ特急の一番列車だった。列車は篠ノ井線と信越本線を経由し、長野に10時3分に着いた。

男がたどった行程は、いかにもベストのように見える。だが一刻も早く長野に着きたいなら、たとえ一万円以上余計にかかるとしても、名古屋で中央本線のホームとは反対側にある新幹線のホームに向かうべきだったのだ。

具体的に言おう。名古屋6時51分発の東海道新幹線上り東京ゆき「のぞみ202号」に乗れば、東京に8時26分に着くから、8時36分発の北陸新幹線下り金沢ゆき「かがやき505号」に乗り換えられる。そうすると長野着は9時56分。「ワイドビューしなの1号」

JR姨捨駅から棚田（右奥）を望む＝2012年5月

より七分早く着けることになる。

なぜこんな芸当ができるのかといえば、「ワイドビューしなの」が特急でありながら、篠ノ井線の松本―篠ノ井間（五三・四キロ）で四六分を要しているからだ。この区間は単線が多く、通過駅でも行き違いを必要とするうえ、二〇パーミル（一〇〇〇メートル進んで二〇メートル上がる）を超える急勾配が連続する。途中の姨捨《おばすて》にはスイッチバックが残り、本線から分かれた引き込み線に駅が設けられている。

特急は姨捨を通過するから引き込み線には入らない。一方、普通電車は引き込み線に進入したり後退したりするため、松本―篠ノ井間で1時間前後を要している。

だが日本三大車窓の一つとされる姨捨駅からの眺望は、特急より余計にかかる時間を補ってあまりある。眼下には善光寺平と呼ばれる盆地が望まれ、斜面に広がる棚田が周囲の自然に溶け込んでいる。ここは古来観月の名所として知られ、田植えのシーズンを迎えると、水が張られた棚田に月が映る「田毎《たごと》の月」が眺められるのだ。

姨捨は無人駅だが、「更級《さらしな》の月」という名のラウンジがある。このラウンジは、二〇一七年から走り始めたJR東日本のクルーズトレイン「四季島」が姨捨駅に停車するときにほぼ限って、乗客だけが利用できる。本来、誰もが利用できる公共空間の一部が、富裕層に景色を見せるための空間と化しているのだ。

冒頭の男が鉄道に求めたのは、スピードという価値だった。しかしそれとは異なる価値を鉄道に求めようとしても、高額な料金がかかる。姨捨のスイッチバックを鉄道会社の利益追求の道具にしてはなるまい。

回想の多摩ニュータウン

大学三年だった一九八三（昭和五八）年の秋、毎週土曜日の午後に延々と続くゼミを途中で退出し、新宿を16時ちょうどに出る京王線の特急京王八王子ゆきに乗る習慣をしばらく続けたことがあった。

土曜日は夜に相模原市の相模大野でアルバイトが入っていた。新宿から相模大野までは、小田急小田原線の急行に乗るのが一番早かった。それなのに京王線の特急に乗ったのは、当時の多摩ニュータウンの夕景にひかれていたからだ。

調布で京王多摩センターゆきの普通電車に乗り換えた。電車は多摩川を渡るや多摩丘陵の縁に沿って進み、稲城を過ぎると左手の車窓に里山の風景が広がった。どこかで野焼きをしているのか空には薄い靄《もや》がかかり、煙のにおいがかすかに漂ってきた。

この風景が劇的に破られるのは、電車が若葉台を出てトンネルを抜けたときだった。左手の車窓に小田急多摩線の線路が近づくとともに団地群が現れ、里山の残影が消えるのだ。

多摩ニュータウン永山地区の夕暮れ時。家々の窓に明かりがともる＝2008年

多摩ニュータウンで最も早く完成した諏訪団地に違いなかった。電車はもう一つのトンネルを抜け、京王永山に着く。時計の針は決まって16時30分を指した。

駅前にはショッピングセンターがあり、南側には諏訪団地同様、ニュータウンで最も早く完成した永山団地の高層棟や五階建ての住棟が整然と並んでいた。歩道は車道と分離され、車道を渡るときには立体交差になっていた。

歩道を進むと多摩市立東永山小学校の校門が見えてきた。当時は永山と名のつく小学校が同市内に四校もあった。放課後の校舎には教室の室内灯がいくつか点《つ》いていて、校庭には子どもたちの歓声が響いていた。

その先には高層棟の一階を店舗にした商店街があった。どの店も夕食の食材などを買い求める住民でにぎわっていた。同じ東京の西郊でも、人口の減少が始まっていた西武沿線の団地とも、まだ開発途上だった東急沿線の多摩田園都市とも異なる活気に満ちた光景が、そこにあるように思えた。

晴れていればしだいにコンクリートの住棟が夕焼けに染まり、彼方《かなた》にあったはずの丹沢の稜線《りょうせん》が濃くなった。秋が深まるにつれ、歩道に積もる落ち葉も増え、踏むたびにサクサクと音を立てた。

西永山小学校に面した歩道を進んだところに永山五丁目という停留所があった。ここからバスで小田急小田原線の鶴川駅に向かう頃には、もう日が暮れていた。

私が見たのは、多摩ニュータウン永山地区が最も輝いていた時代だったのかもしれない。だが衰退は早かった。永山と名のつく小学校は一校だけになり、東永山小学校は複合施設になった。子どもたちの声が響いた教室には、麻雀《マージャン》に興じる老人たちの声が響くようになった。そして現在は複合施設としての役割も終え、旧校舎は解体された。

夢の房総半島一周列車

前掲「『半島』としての千葉県」では、明治以降に確立された東京中心の鉄道網から千葉県が疎外された過程を概観した。「半島」という表現に不快の念をもたれた県民の読者がいたかもしれない。

だが、三方を海に囲まれた半島だからこそ独自の鉄道網が築かれたことは、千葉県ならではの魅力的な列車の運行を夢想させる。

それを一言でいえば、ふだん使われていないJR総武本線両国駅の行き止まり式ホームを発車し、千葉からは内房線と外房線を経由し、車内で新鮮な海産物料理を味わいながら海を眺め、再び千葉や両国へと戻ってくるイベント列車だ。内房線と外房線は安房鴨川でつながっているので、乗っているうちに房総半島を一周し、出たときとは逆向きになって戻ってくることになる。

この列車は、西武鉄道が運行している「52席の至福」を参考にしている。旅するレストト

山生橋梁を渡るJR内房線＝2012年11月、千葉県鴨川市

ランと称し、池袋―西武秩父間や西武新宿―西武秩父間などを走っているこの列車にはキッチン車両が付いていて、移動中に車内でブランチやディナーが食べられる。ただし景色がよいのはほぼ奥武蔵の山中を走る高麗《こま》―西武秩父間に限られるうえ、午前発の下りか午後発の上りしかないため、往復するには別の列車に乗らなければならない。同じ区間を往復するだけでは、車窓の新鮮味が薄れてしまうのも否めない。

一方、両国発両国ゆきの列車は、内房線から先に回るにせよ、外房線から先に回るにせよ、半島を一周するのでずっと乗っていられるし、乗っているだけで海の風景が刻々と変わる。沿線には漁港がいくつもあり、近海物を中心にさまざまな魚介類が水揚げされる。例えば外房線の大原はイセエビの漁獲高が国内有数の大原漁港に近く、内房線の浜金谷はクロダイやカガミダイなどのタイやアジが獲《と》れる金谷漁港に近い。

そこで走らせてみたいのが、両国を午前9時半ごろに出る列車である。経路は漁の都合により外房線が先になることもあれば、内房線が先になることもある。前者の場合は大原で、後者の場合は浜金谷で、獲れたての魚介類がキッチン車両に運び込まれる。それを料理人が直ちに捌《さば》き、ランチとして乗客に提供する。

ランチタイムには、列車が内房線の千倉―安房鴨川間を走っているはずだ。林芙美子が「日本のニース」(「房州白浜海岸」)と呼んだこの区間は列車の本数が少なく、満潮時には橋脚が海水に浸される山生《やもめ》橋梁(江見―太海《ふとみ》間)のような絶景スポットで停車もできる。新鮮な海産物料理を堪能しながら、水平線まで遮るもののない太平洋を心ゆくまで眺めるひとときを味わえるのだ。早春であれば菜の花が咲き、東京より一足早い春の訪れも実感できる。

高校生の通学を支える鉄道

二〇二一年一二月二〇日、鳥取県の倉吉からＪＲ山陰本線で米子市の県立米子東高校に通う高校生が倉吉市議会に提出した陳情が、本会議で採択された。倉吉市は通学費の助成を同市を含む県中部の高校に通う場合に限定していたが、高校生は米子市を含む県西部や県東部に通う場合でも助成が受けられるよう見直しを求め、認められたのだ。

高校生が陳情という制度を使い、自分の行きたい市外の高校に通うため親の負担を軽減しようとするのは希有《けう》の試みといえた。そして遠距離通学を可能にしたのが、ダイヤ通りに走る鉄道であることもまた浮き彫りになった。

始業時間を考えると、おそらく高校生は倉吉を6時46分に出て、高校の最寄り駅の東山公園に8時7分に着く普通列車に毎日乗っているのだろう。たとえ本数が少なくても、鉄道は一般道を走るバスに比べて渋滞がなく、大雪や路面の凍結など天候の影響も受けにくいのだ。

地元の高校のそばを走るJR宗谷本線＝2021年１月、北海道名寄市

乗客の減少に悩む地方の鉄道にとって、通学で利用する高校生は大事な客となっている。一一年三月の東日本大震災で津波の被害を受けた三陸鉄道の田老《たろう》駅の近くには、岩手県立宮古北高校がある。同鉄道が震災からわずか九日後に宮古—田老間を復旧させたのも、高校生の便宜を図りたいという強い思いがあったからだろう。

当時の望月正彦社長と話したことがある。そのとき印象に残ったのは、三陸鉄道があるからこそ、岩手県の田野畑《たのはた》から久慈まで高校生が列車に乗り、県立久慈高校に通えるという話だった。一日一本しかない直通のバスでも一時間半かかっていたこの区間を、鉄道は五〇分前後で結んだ。学校や病院と同様、鉄道が地域を支える重要なインフラになっている現実を、まざまざと実感させられた。

自らの記憶を振り返っても、地方の鉄道ではしばしば高校生と乗り合わせた。なかでも高校一年だった一九七八（昭和五三）年七月、北海道の美深《びふか》から、宗谷本線の名寄《なよろ》発幌延《ほろのべ》ゆき普通列車に乗ったときの光景は忘れがたい。

この列車は名寄を16時40分に、美深を17時11分に出た。名寄の高校に通っていたのだろうか、ボックス席に四人の女子高校生が座り、楽しそうにしゃべっていた。夏休みが短い北海道では、まだ授業期間中だったのだろう。列車は左手に大河の天塩《てしお》川を見ながら走り、アイヌ語に由来する小さな駅に着くたびに一人また一人と降りていった。

私の視線はおのずと降りてゆく女子高校生に注がれた。ほぼ同じ年齢なのに、日々目にしている風景は天と地ほど違う。彼女らの後ろ姿には、東京の高校生にはない神々しさが漂っているように感じられたものだ。

多磨霊園、小平霊園と鉄路

京王線の多磨霊園駅は、日本で唯一「霊園」を駅名にしている。多磨霊園というのは東京都府中市と小金井市にまたがる都立霊園のことだ。

同線の武蔵野台―多磨霊園間で立体交差する西武多摩川線には、多磨という駅がある。実は二〇〇一（平成一三）年までの駅名は、多磨墓地前だった。「多磨墓地」もまた多磨霊園を指していた。

一九二三（大正一二）年、東京市は初めての公園墓地として、多磨墓地を開園させた。二九（昭和四）年に西武多摩線（現・多摩川線）の新小金井―北多磨（現・白糸台）間に多磨墓地前駅が開業したのに続き、三二年には京王線の多磨駅が市公園墓地前駅に改称された。「墓地」の付く駅名が二つ生まれたわけだ。

三五年に多磨墓地が公園墓地を意味する多磨霊園に改称されると、市公園墓地前駅も多磨霊園駅に改称された。一方、多磨墓地前という駅名はそのまま残った。多磨駅に改称さ

小平霊園（右側）のすぐそばを走る西武新宿線＝2022年２月、著者撮影

れたのは、近くに大学や病院が移ってきたからだ。

　実際の多磨霊園は多磨霊園駅からかなり遠い。それよりは多磨駅のほうが確かに近いが、線路に接しているわけではない。つまり駅名とは裏腹に、東京市はどちらの線路からも離れたところに墓地を造成したことになる。

　明治時代に内務省は「墓地ヲ新設スルハ国道県道鉄道大川ニ沿ハス人家ヲ隔《へだた》ルコト凡ソ六拾間《ろくじゅっけん》以上ニシテ土地高燥飲用水ニ障《さわり》ナキ地ヲ撰《えら》ムヘシ」という指示を出している。民俗学者の高取正男は、「明治政府の神道主義の基礎にあった浄《じょう》と穢《え》の感覚が、近代科学にもとづく衛生思想と結びついて、道路とか鉄道という国家公共の施設に死穢《しえ》のおよぶのを忌避したからとしか考えられない」(『神道の成立』)と述べている。多磨霊園が線路から離れているのは、この感覚が大正時代になっても残っていたからだということになろうか。

しかし戦後になると、そうではなくなったようだ。それをよく示すのが、四八年に都立霊園として開園した小平霊園だ。西武新宿線と拝島線が乗り入れる小平駅は小平霊園駅と称してよいほど北口が霊園の表参道に面しているし、新宿線の小平―久米川間は実に約一キロにわたって線路と霊園が接している。東京都は新しい霊園を造成するに際して、もはや「死穢」が線路に及ぶのを忌避しなかったと言ってよいだろう。

三歳から六歳まで、日本住宅公団の久米川団地に住んでいた。西武新宿線に乗ると、小平―久米川間の車窓から霊園がよく見えた。特に夜は一面の闇となり、そこに無数の死者が眠っていると想像するだけで怖くなった。久米川の駅が近づき、霊園に代わって団地の風景が現れると、ようやく安心した気分になった。

田園都市線が継ぐ「智恵」

東急が開発した多摩田園都市、鉄道でいえば田園都市線の沿線に住むようになって、もう半世紀近くになる。

正直に言おう。これまで私は、この線に対してどちらかといえば批判的だった。最大の理由は、輸送力の増強が沿線の人口増加に追いついていないことにあった。二〇一九年度の同線の主要区間の混雑率は一八三％と、東京メトロを除く大手私鉄で最も高かった。二〇年度はコロナの影響でどの線も混雑率が下がったが、それでも田園都市線の場合は一二六％と、東京圏の鉄道全体で二番目に高い水準にとどまっている。

混雑率が高まれば電車が遅れる確率も高まる。しかも田園都市線の場合、〇三年に営団地下鉄（現・東京メトロ）半蔵門線を介して東武伊勢崎線や東武日光線と相互乗り入れ運転を始めてからは、ダイヤの乱れが恒常的に起こるようになった。

田園都市線に並行する小田急小田原線は、複々線の区間を延ばして混雑を緩和したうえ、朝夕のラッシュ時にロマンスカーを増発し、座って通勤できるようにした。一方の田園都市線は一部を除いて複々線の区間がなく、ロマンスカーのような座席指定の優等列車も走っていない。ほぼすべての電車が東京メトロ半蔵門線に乗り入れるため、通勤の帰りに渋谷から座ることは絶望的な状況にある。

架線トラブルによるダイヤの乱れで混雑する田園都市線の二子玉川駅＝2017年11月15日午前、東京都世田谷区、遠藤啓生撮影

　しかしこうした見方が一面的だったことを痛感させられる出来事が二〇二二年二月にあった。それまで元気だった高齢の父が突然倒れたのだ。

　父が住んでいたのは、我が家に近い、東急のグループ会社が運営するサービス付き高齢者向け住宅の自立フロアだった。コロナ禍に伴う困難な状況のもと、職員の方々は病院の確保から新たに要介護認定を受けるための手続き、そして退院後に介護フロアに移るための手続きに至るまで、まさに一丸となって協力してくださったのである。

東急系の高齢者向け住宅や介護施設は沿線にいくつもあり、駅に広告が出ている。コロナ禍で客が減る前から、東急は他の私鉄に先んじて電車に毎日乗らなくなった沿線住民のためのサービスを進めていたわけだ。ちなみに多摩田園都市がある横浜市青葉区の男性の平均寿命は最新の市区町村別生命表で八三・三歳と、全国で最も高い。

東急の創業者、五島慶太は「終始一貫自分が智恵《ちえ》を借りて自分の決心を固めたものは小林一三だ」(『七十年の人生』)と述べた。阪急を創業した小林は、それまでの鉄道事業の常識を破り、沿線に将来の日本を先取りするライフスタイルを築き上げた。東急にとって混雑率の緩和が喫緊の課題であること自体に変わりはないが、小林の「智恵」はいまの東急にも着実に受け継がれている。

線路幅が違ったことで

一般に鉄道が発達すれば列車の速度が増し、所要時間は短くなるが、それとは逆の区間もある。ＪＲ奥羽本線の山形―秋田間がそうだ。

一九九二（平成四）年に山形新幹線が開業する以前には奥羽本線を経由して上野―秋田間を結ぶ特急「つばさ」があった。山形からこの特急に乗っていれば、秋田まで三時間ほどで行けた。

ところが、山形新幹線の開通によって奥羽本線の線路は分断された。奥羽本線を含む在来線の線路幅は一〇六七ミリなのに対し、新幹線の線路幅は一四三五ミリと、在来線より広いからだ。

山形新幹線は、従来の新幹線のように在来線と別個に線路が敷かれたわけではなく、新幹線がそのまま在来線に乗り入れる「ミニ新幹線」だったから、奥羽本線の福島―山形間の線路幅が一四三五ミリに改められた。九九年に山形新幹線が新庄まで延伸すると、一四

1999年に新庄まで延伸した山形新幹線。東京行き一番列車の出発にあわせて式典が開かれた＝同年12月４日、山形県のJR新庄駅

三五ミリの線路もまた新庄まで延びた。

それだけではない。九七年には同じミニ新幹線方式によって秋田新幹線が開業した。これに伴い、奥羽本線の大曲―秋田間にも新幹線が走るようになったが、山形新幹線とは異なり線路幅を全面的に一四三五ミリには改めず、片側のレールを新幹線と在来線の共用にするなどして、従来の電車も走れるようにした。

とはいえ、山形―秋田間を結ぶ特急が消え、線路が分断された新庄での乗り換えが必須となり、新庄―大曲間は普通だけになったため、所要時間は長くなった。山形から秋田まで四時間以上かかることも珍しくなった。

もちろんこれは、山形も秋田も東京との往復を便利にすることを優先させた結果生じたものだ。東京との結びつきが強まる代わりに、新幹線でつながっていない東北の隣県どうしの分断はかえって深まったといえよう。

他方で線路幅が違えば、入れたくない列車を阻止することもできる。世界的に見ると一〇六七ミリは狭軌、一四三五ミリは標準軌で、これより広い一五二〇ミリの線路もある。旧ソ連に当たるロシアやウクライナ、ベラルーシ、バルト三国などでは、この広軌が主流になっている。

ロシアの鉄道が広軌になったのは、一説にはナポレオンの侵略を教訓として、欧州の標準軌の車両がそのまま進入してこないようにしたからだと言われる。戦争前までポーランドとウクライナを結んでいた国際列車は、国境の駅で台車を交換するので、長時間停車する必要があった。

逆に言えば、線路幅が同じなら、たやすく他国に入れるということでもある。ロシア軍は、鉄道を使えば一度に大量の戦車をウクライナに運べたはずだ。彼らが戦争に際して鉄道をどう活用したかが気になっている。

特急以上の特急「あをによし」

二〇二二年四月二九日、近鉄の大阪難波―近鉄奈良―京都間に観光特急「あをによし」がデビューした。よく知られているように、「あをによし」は奈良にかかる枕詞《まくらことば》だ。

近鉄はこれまでも大阪や名古屋などと伊勢志摩の間に特急「しまかぜ」を、大阪と名古屋の間に特急「ひのとり」を走らせてきた。私鉄の特急の愛称といえば、小田急の「はこね」、東武の「けごん」、西武の「ちちぶ」など沿線の観光地にちなむ場合が多いなかで、近鉄のセンスは際立っている。

もっとも、近鉄特急の愛称と他の私鉄特急の愛称の間には、そもそも名付け方に大きな違いがある。

一般に私鉄特急の愛称は、ＪＲの特急と同様、特急が走る区間を意味する。例えば「はこね」は、新宿―箱根湯本間を走る特急全体に付けられた愛称だ。たとえ走る時刻によって車両が変わろうが、「はこね」であることに変わりはない。最前部と最後部の展望席も

近鉄の新特急「あをによし」

含め、特急料金はすべて均一になっている。

近鉄はそうではない。大阪難波―近鉄奈良間の特急にせよ、近鉄奈良―京都間の特急にせよ、座席指定の特急自体に愛称は付いていない。「あをによし」や「しまかぜ」というのは、斬新な特別車両を使った特急だけに付けられた愛称なのだ。

このため「あをによし」は、通常の特急料金に加えて特別車両料金がかかる。しかしツインシートやサロンシートの車両のほか、ツインシートの一部をライブラリーにし、沿線に関する本をソファで読めるようにしているのだから驚かされる。最長でも一時間二八分しか乗らないのに、ぜいたくすぎるとはいえないか。

関東私鉄ではもともと座席指定の特急の

本数が少なく、観光地に行くときに限って乗るハレの列車という感覚が強かった。「はこね」は新宿を出ると小田原まで、「けごん」は浅草を出ると下今市ないし東武日光まで停まらなかったのだ。特急の本数や停車駅が増えるなど、通勤にも利用しやすくなったのは、平成になってからだった。

この点でも近鉄は違った。三重県に親戚が住んでいたので、まだ幼かった一九六〇年代からよく近鉄名古屋―津間で特急に乗った。びっくりしたのは、二〇分おきに座席指定の特急が走っていたことだ。桑名や近鉄四日市など、三重県内の主要都市の中心駅に停まってゆくから、県内の移動でも当たり前のように利用されていた。西武沿線に住んでいた私には、それが新鮮に感じられたものだった。

「あをによし」の登場は、決して唐突ではない。近鉄で長年にわたり特急が日常の足として定着してきたならば、特急以上の特急を走らせようとするのはむしろ当然といえるからだ。

映画になったJR只見線

ドキュメンタリー映画「霧幻鉄道　只見線を300日撮る男」を二〇二二年八月六日、東京のアップリンク吉祥寺で見た。只見線はJR東日本管内にあり、福島県の会津若松と新潟県の小出を結ぶ全長一三〇キロ余りのローカル線だ。

実はこの線は、二〇一一（平成二三）年七月の新潟・福島豪雨で甚大な被害を受け、福島県内の会津川口—只見間が不通となった。不採算路線のためJR東日本は復旧に難色を示していたが、県や沿線自治体との話し合いを続けた結果、二二年一〇月に全面復旧することが決まった。

映画には、復旧を陰で支えた郷土写真家の星賢孝が主人公として登場する。星は自らを「撮り鉄」ではないと言う。自分が撮るのは只見川が流れる奥会津ならではの四季折々の風景であり、川に沿って走る只見線はそれに彩りを添える脇役に過ぎないと考えているからだろう。

第一只見川橋梁＝「霧幻鉄道　只見線を300日撮る男」（2022年９月２日公開）から

只見線のような山岳地帯を通る線の場合、いまなら新幹線のように長大トンネルを掘り、なるべく直線状に線路を敷設するはずだ。だがその場合、所要時間は短縮できても車窓は何も見えなくなる。只見線は、いちばん最後に当たる一九七一（昭和四六）年に開通した只見―大白川間を除いて長大トンネルがなく、高低差の少ない只見川に忠実に沿うように線路が敷かれている区間が多い。

単線非電化の線路は、道路はもとより、複線電化の線路に比べても元の地形を損なう割合が少なく、自然の風景がより保たれる。只見川を渡るいくつかの橋梁は、まさに自然と人工が一体となった風景をつくりだす。とりわけ会津西方―会津桧原間にかかるアーチ形の第一只見川橋梁は美しく、川から立ち上る霧、周辺の青葉や紅葉、また冬の雪景色などと相まって見飽きることがない。

星賢孝は、地元の住民には見慣れているこの風景の普遍的価値を確信し、自らの写真をSNSで全世界に拡散させた。その効果はすぐに表れ、アジア各地から観光客が押し寄せた。映画には、台湾から来た客が第一只見川橋梁を見下ろせる展望台で写真を撮る場面や、星が台北で開いた個展に予想を上回る客が来場する場面が出てくる。

ここで日本との違いに気づいた。明らかに若い女性が目立つのだ。台北近郊の平渓線というローカル線に乗ったときの記憶がよみがえった。あのときもカップルや家族連れなど、日本の「鉄」とは違う乗客が多かった。

幅広い層が鉄道に関心をもっている台湾に比べれば、日本はまだまだ裾野が狭い。一〇月に只見線が全面復旧したとき、この線の魅力を一人でも多くの「鉄」以外の人々に伝えられるか否かが試金石となるだろう。

消えゆく「山線」の魅力

函館と旭川を結ぶＪＲ函館本線は、一八八〇（明治一三）年に一部区間が開業し、一九〇五年に全通した北海道最古の主要幹線だ。だが二〇三〇年度をもって、同線の長万部《おしゃまんべ》―小樽間（一四〇・二キロ）の廃止が事実上決まった。新青森と新函館北斗を結んでいる北海道新幹線が、札幌まで延伸されるためだ。

二〇二二年三月に沿線自治体が協議会を開き、同区間を廃止してバスに転換することに合意した。新幹線の開通と引き換えに、これほど長い距離の並行在来線が廃止されたことは未だかつてない。

長万部から分岐して噴火湾や太平洋沿いを走る室蘭本線が「海線」と呼ばれるのに対し、峠をいくつも越えつつ内陸部を走る函館本線の長万部―小樽間は「山線」と呼ばれる。確かにいまでは函館と札幌を結ぶすべての特急が海線経由になっているが、歴史的に見れば山線こそが輸送の主役を担ってきた。その山線がまるごと廃止されるというニュースに衝

函館本線の比羅夫―倶知安間を走る普通列車＝矢野友宏氏撮影

撃を受けた。

八月一九日、南千歳から海線を走る特急に乗り、13時20分過ぎに長万部に着いた。29分発の山線下り倶知安ゆき列車が止まっている。一両編成のステンレス製の車両で、従来の車両に比べて座席数が少ない。私が乗ったときにはすでに全部の席が埋まり、立っている客もいた。

廃線が決まり、男性の「乗り鉄」が押し寄せたのかと思いきや、そうでもない。若い女性や老夫婦、家族連れなども乗っていたからだ。列車は長万部を出るとすぐ無人の山間地帯へと入ってゆく。植林から一〇〇年を超え、原生林と化したブナやシラカバ、カラマツなどの防雪林の間や、小川の流れる湿地帯を縫うようにして、単線非電化の線路が敷かれている。

人工的なものは何一つ見えない。夏の日差しが降りそそぎ、窓を通して緑の木々と一体化したような充足感にしばし浸る。ビデオを固定し、ひたすら車窓の風景を撮り続ける客もいれば、森林浴のような気持ちよさからか眠りに落ちる客もいる。

山線のすばらしさは、この時間にある。そもそも人間は経済合理性や効率だけで生きているわけではない。一見無駄に見える時間こそ、あくせくした日常から心身ともに解放され、都会で失われた自然に回帰できる貴重な時間なのだ。明治時代の線形が保たれ、アップダウンを繰り返しながら峠をいくつも越えてゆく山線は、まさにそうした時間を存分に味わえる数少ない線の一つだと思う。

結局、ほとんどの客が終点の倶知安まで乗り、小樽ゆきの普通列車に乗り換えた。新幹線が開通すれば、長万部―札幌間は長大トンネルが連続し、景色を楽しめなくなる。開通によって失われるものの大きさを想像せずにはいられなかった。

魅力的だった京王線特急

東京都東久留米市の滝山団地に住んでいた当時、最もよく利用する私鉄は西武新宿線と西武池袋線だった。しかし夭折《ようせつ》した姉の墓が府中市の多磨霊園にあったので、彼岸や命日などには西武沿線にないこの霊園に家族で墓参することが多かった。

そのときは中央線の武蔵小金井駅からバスに乗り、霊園の最寄りの停留所で降りた。午前中に墓参を済ませてしまうとすぐには帰らず、バスで京王線の多磨霊園駅に出て上り電車に乗り、新宿のデパートに買い物に出かけた。

実はこれがひそかな楽しみだったのだ。当時は駅の設備にしても車両にしても、いまよりも私鉄ごとの違いが大きかった。西武に慣れていた子どもの目に、京王はあか抜けた私鉄として映った。

まず駅名標が違った。西武の場合、駅の名称と両隣の駅の名称が平仮名や漢字、ローマ字で記されるだけだったのに対し、京王の場合はそれらに加えて隣駅との距離が明記され

特急電車として使用された5000系車両＝京王電鉄提供

ていた。各駅の駅名標に注目するようになったのは、ひとえに隣の駅名の横に記された「○・○キロ」の数字を見たいがためだった。

軌道、すなわち路面電車を前身とする京王線は駅間距離が短く、一キロを上回る区間はあまりなかった。多磨霊園を出た緑色の普通電車は、走り出したかと思うとすぐに減速し、次の駅へとすべり込む。それを何度か繰り返しているうちに調布に着き、後から来る京王八王子発の特急を待ち合わせる。

当時の特急電車は5000系と言って、アイボリーを基調にエンジの帯が入るモダンな車両が充てられ、多くの車両に冷房装置が付いていた。西武では、まだ数少ない冷房車に「この電車は冷房車です」と記された透明の丸いシールがわざわざ窓に貼られていた時代である。

調布を出た特急はぐんぐん加速し、あっという間に数駅通過する。ついさっき乗っていた普通との落差が大きいぶん、一層速く感じるのだ。途中、明大前だけに止まり、初台の手前で地下に入る。都心から離れるほど駅間距離が長くなるのではなく、逆に最後の一区間が一・七キロと、新宿までで一番長かったのが不思議な感じがした。

京王線の特急が速かったのは、新宿―京王八王子間で中央線の特快と競っていたからだ。特急といえば座席指定の「レッドアロー」を指し、非日常の乗り物だと思っていた西武沿線の住民にとって、日常的に利用できる京王線の特急は魅力的に見えた。

だが終点のターミナルに隣接して私鉄と同じ名のデパートがあるところだけは、西武と似ていた。いや電車は見劣りしても、せめてデパートだけは西武のほうが立派だと思いたかった。

全通した只見線に乗る

秋晴れの二〇二二年一〇月二八日、ＪＲ小出駅の只見線ホームに立っていると、正午を知らせる新潟県魚沼市のチャイムが鳴り響いた。発車までまだ一時間あまりもあるのに、もうホームに行列ができていた。

鉄道開業一五〇年を記念して発売された三日間乗り放題の切符「ＪＲ東日本パス」の利用期限は二七日までだった。土日になれば、また乗り放題の切符「週末パス」を使う客が増える。二八日は金曜日で、ちょうど谷間だった。

それでも小出13時12分発会津若松ゆきの二両編成のディーゼルカーは座席が埋まり、つり革までほぼふさがった。一〇月一日、一一年ぶりに只見線が全通した余韻は、まだ冷めていなかった。

乗っているのは熟年女性のグループや一人旅の若い女性など、男性より女性のほうが多かった。男性もいるが多くは老夫婦だった。駅名標や車両を撮りまくるマニア風の男性は

2022年10月1日の全線開通で、会津川口駅に到着した上り一番列車

目立たなかった。

前回乗ったのは水害に伴い会津川口—只見間が不通になった翌々年の二〇一三年で、小出発の列車は只見止まりだった。国鉄時代の車両がそのまま使われ、通学帰りの高校生しか乗っていなかった。古いボックス型の座席は空きが目立っていた。

それが今日はどうだろう。首都圏の電車顔負けの混み具合になっている。車両までが首都圏並みになった結果、ボックス席が減ってロングシートが増え、全体の座席数が減った分、立ちっぱなしの客が増えてしまった。これなら国鉄時代の古い車両の方がまだましではないか。

不思議な光景だ。居眠りしている客やスマホに見入っている客はほぼいない。ほぼ全員が窓の外を一心に見つめている。外では住民が列車に向かっていっせいに手を振っている。それを見つけた車内の客たちも振り返す。やがて山岳地帯に入り、紅葉や黄葉が山肌を覆う風景が目に入るとあちこちで歓声が上がる。あたかも皆が只見線に乗ること自体を目的として乗っているかのようだ。

只見で幾人かの客が降りたが、それ以上に客が乗ってきた。旅行会社のワッペンを付けた客たちが、通路に立ち並んでいる。車窓には只見川がずっと寄り添い、満々と水を湛《たた》えた川を渡るとまた歓声が上がる。そのたびにワッペンを付けた男性客が、立ったまま私の席にまで迫ってカメラを窓に向ける。

これだけの人たちが、只見線の車窓のすばらしさに魅せられている。これは鉄道会社にとっての一大財産だ。ＪＲ東日本は、現行のダイヤを抜本的に見直し、誰もが景色を堪能できる列車を増やすべきではないか。有名観光地に行くだけが目的でない観光のモデルを積極的に築こうとしないのは、実にもったいないと思った。

第三章

文豪の夜行列車

堤康次郎が夢見た狭山丘陵

大岡昇平の小説『武蔵野夫人』には、主人公の女性と従弟《いとこ》の学生が西武多摩湖線に乗って村山貯水池（通称・多摩湖）を訪れる場面がある。

「電車が『狭山公園』といわれる終点でとまると、前方を五十尺ばかり高く海鼠《なまこ》色の堰堤《えんてい》が塞《ふさ》いでいるのが見えた。堤の下は芝生の間に径《みち》をうねらせた現代風の公園で、ところどころ矮小《わいしょう》な松が育っている」

二人が降りたのは、狭山公園前という駅だった。現在の多摩湖駅に当たる。しかし駅から貯水池は見えなかった。貯水池を眺めるには堤の下の狭山公園を通り、階段を上らねばならなかった。

時は一九四七（昭和二二）年九月。ちょうどカスリーン台風が襲来したため帰りの電車は動かず、二人は湖畔のホテルで一夜を明かす。この描写から立ちのぼるのは、荒れ果てたホテルに象徴されるような、東京の郊外とは思えぬ寂寥《せきりょう》感である。

リニューアルオープンした西武園ゆうえんちで昭和レトロを再現した「夕日の丘商店街」＝2021年５月19日

戦後の西武鉄道は、堤康次郎を総帥として新たなスタートを切った。堤が力を入れた事業の一つが、貯水池のある狭山丘陵の開発だった。西武は戦中期に国家主義団体となった修養団の施設「公民道場」を買収し、五〇年に「東村山文化園」を開園させた。翌年には社名にちなんで「西武園」と改称したが、これこそが現在の「西武園ゆうえんち」にほかならない。

その後も西武は、日本のユネスコ加盟を記念する「ユネスコ村」をはじめ、競輪場やスキー場などを狭山丘陵一帯に次々と開設させてゆく。堤は社内報『西武』に掲載された六二年の「年頭のことば」でこう述べている。

「東京から直通で四十分足らずで行ける五十万坪の西武園、ユネスコ村を、都民はいうに及ばず、日本で遊園地といったら、まず西武園というように総合大遊園地にして、アメリカのディズニーランドに劣らない世界一の立派なものにしてゆきたい」

堤が夢見たのは、かつて貯水池と寂れたホテルしかなかった丘陵地を、米国のディズニーランドに劣らぬ「総合大遊園地」にすることだった。だが堤は六四年に死去し、八三年には東京ディズニーランドが開園することで、その夢は幻に終わってしまう。

それでも西武園ゆうえんちは、同じ西武系列で西武豊島線の豊島園駅前にあった「としまえん」のような閉園への道をたどらなかった。「世界一」を目指すのではなく、逆に六〇年代の商店街を再現するなど高度成長期の日本への郷愁を誘う形で、二〇二一年五月一九日に生まれ変わったからだ。

一九五〇年代から七〇年代にかけての西武沿線には、日本住宅公団などの大団地が相次いで建てられた。西武らしさを演出するなら、いまや沿線から消えた団地の住棟も再生させてほしいと思うのは筋違いだろうか。

戦後の米国と高速道路

敗戦後の日本は、連合国軍の占領下に置かれた。ただし連合国軍と言っても、主力は米軍だった。米国は戦争中は敵国だったが、敗戦とともに価値観が逆転し、多くの日本人にとって模倣やあこがれの対象として意識されるようになった。

鉄道の経営者も例外ではなかった。東急の総帥となる五島慶太は、一九五二（昭和二七）年と五三年に専務ら役員や社員を米国に派遣させた。その結果、米国では鉄道が衰退し、代わって高速道路網が張り巡らされていること、自家用車は三人に一台の割合で普及し、長距離バスも発達していることを知った。五三年に渋谷と神奈川県の江の島を結ぶ高速道路「東急ターンパイク」の建設を決めたのは、日本もまた米国と同じ道を進むという見通しがあったからだ。

だが建設省は、高速道路の建設を民間企業に委ねることに難色を示し、東急に免許を与えなかった。五島は五九年に死去し、東急は六一年に建設を断念する。高速道路の代わり

1964年に開業した東海道新幹線の下り１番列車「ひかり１号」の出発式＝同年10月１日、国鉄東京駅

に建設されたのが、現在の田園都市線である。

作家の阿川弘之もまた、五五年に米国を訪れ、高速道路網が張り巡らされた現実に強い衝撃を受けた。しかし帰国した翌年の五七年、運輸省は東海道新幹線の実現可能性を探るための調査会を設置した。日本は米国とは異なり、戦後も鉄道中心の交通網を維持しようとしていたのだ。

阿川の目には、これはいかにも時代錯誤に映った。東急ターンパイクが認められなかったのは、当時の日本に高速道路自体がなかったからだ。「道路ときたら全部泥んこの穴ぼこだらけ」（「鉄道は国家なり」）だったのだ。新幹線の建設に莫大《ばくだい》な金をかけるより、道路と空港の建設を優先すべきだ。阿川はこう主張し、国鉄総裁の十河《そごう》信二と激論を交わした。だが六四年一〇月に新幹線が開通すると、阿川は自らの主張の誤りを認めざるを得なくなった。

一方、実際に訪米しても日本は米国と同じ道を進むとは考えなかった鉄道の経営者もいた。戦後に西武の総帥となった堤康次郎がそうだ。

堤は五九年に訪米し、ニューヨークでマッカーサーに、ワシントンで大統領のアイゼンハワーに会ったが、阿川のように衝撃を受けることも、五島のように鉄道に代わる高速道路の建設を考えることもなかった。すでに敷かれた西武の鉄道網は微動だにせず、駅前のバスターミナルすら整備されなかった。

モータリゼーションが進む米国社会を冷静に見ていたのは、康次郎に命ぜられて六二年に西武百貨店ロサンゼルス店を開店させた息子の堤清二（辻井喬《たかし》）のほうだった。六四年に康次郎が死去すると、清二は西武グループの流通部門を鉄道部門から独立させる試みを本格化させてゆく。

跨線橋とバリアフリー

太宰治の『人間失格』に、初めて汽車を見た「自分」が跨線橋《こせんきょう》を「停車場の構内を外国の遊戯場みたいに、複雑に楽しく、ハイカラにするためにのみ、設備せられてあるものだ」と誤解し、「それは鉄道のサーヴィスの中でも、最も気のきいたサーヴィスの一つだ」と思い込んだという文章がある。青森県で育った太宰には、「よほど大きくなってから」見たという跨線橋が、いかにも垢《あか》抜けた設備に映ったのではないか。

この感覚は、鉄道を見慣れなかった地方出身者に限られるわけではない。東京西郊の西武沿線で育った私自身の記憶に照らし合わせても、思い当たるふしがある。

一九七〇年代前半まで、西武新宿線には跨線橋がなく、ホームの端から階段を下りて構内踏切を渡ると、すぐに改札を出られる駅が多かった。ところが七〇年代後半以降、踏切がなくなって跨線橋が架けられ、階段を昇り降りしなければならない駅がにわかに増えた。当時はそれが、近代化の証しであるかのように受けとめられたものだ。

太宰治が好んで訪れた三鷹駅近くの跨線橋。太宰がここで撮った写真が残る＝東京都三鷹市

七五（昭和五〇）年に東急田園都市線の沿線に引っ越すと、この感覚はますます強まった。東急が開発した多摩田園都市に当たる区間に踏切はなく、鷺沼やたまプラーザの駅構内には立派な跨線橋が架かっていたからだ。

だが九三（平成五）年に鉄道誌の企画で初めて阪急宝塚線をじっくりと取材したとき、地上駅では跨線橋を架ける代わりに、上下線のホームと改札の間にスロープを設けるなど、段差を減らそうとしていることに気づいた。高架駅でも、上下のエスカレーターやエレベーターが備え付けられていた。当時の田園都市線では、まだこうした駅がほとんどなかった。

バリアフリーの観点からすれば、わざわざ経費を投入して跨線橋を架けるより、地上駅の基本的な構造を変えないまま階段そのものをなくす方が、乗客のためになる。思えばこのときすでに阪急は、沿線人口の少子高齢化を見据えたサービスを始めていたのかもしれない。

いまでは路面電車の世界的な見直しの機運に象徴されるように、バリアフリーは鉄道になくてはならないサービスの一つと見なされるようになっている。田園都市線でも、上下のエスカレーターやエレベーターが完備された駅ばかりになった。

だが地方では、まだ古い跨線橋を大切に使っている駅もある。例えば岡山県にある山陽本線の金光《こんこう》駅には、近代化産業遺産に指定された、一五（大正四）年製の跨線橋が架かっている。「鐵道院」と刻まれたこの跨線橋を眺めると、「気のきいたサーヴィス」という太宰の言葉がもっともらしく思えてくる。

議論も会話もない車内に

　昭和初期、東京に滞在した英国人女性のキャサリン・サンソムは、「日本の汽車の旅は外国での汽車の旅よりはるかに快適です」（『東京に暮す』）と述べた。その理由がなかなか興味深い。

　日本では、汽車が混んでいて車内の空気がよどんでいる場合、誰かが窓を開けても文句を言う客はいない。一方欧州では、窓を開けることに賛成する客と反対する客が対立して議論になり、国際紛争にまで発展することもある。

「日本人は穏やかで、口論好きではないし、おまけに住宅環境が悪いので、悪臭やひどい暑さ寒さを何とも思わないのです」（同）

　もちろん、乗客どうしの会話がなかったわけではない。「必要が生じると、特に女性は愛想よく話しかけてきます。汽車の二等や、たまには三等で、私はたどたどしい日本語を使ってよくおしゃべりをしました」（同）。当時の乗客は、相手が外国人だろうが平気で話

1958年に運転を開始した特急「こだま」の車内。運転開始を祝う風船が網棚に結びつけられている＝同年11月1日

していたのだ。

　ところが戦後、車内の光景は大きく変わる。それを促したのは、一九五八（昭和三三）年から東海道本線を走り始めた「こだま」に代表される電車特急だったようだ。仏文学者の多田道太郎は、六一年に発表した「つきあいの荒地、団地生活」で、「特急の乗客はどうして気軽なお喋《しゃべ》りをしないのだろう。これはかねての疑問である。ローカル線だとずっと開放的だ。見知らぬお百姓、商人といった人と、何時間かお喋りする。東海道ではたがいに物体みたいなものだ」と述べている。

　電車特急の車内で会話がなくなったのは、従来のボックス席から、すべて前方を向き乗客どうしが対面しない配置へと座席が変わったことが影響しているだろう。ただこのころには、ボックス席で話しかけられるのを嫌がる客もいた。六一年刊の松本清張の小説『砂の器』には、中央本線の上り普通列車に山梨県の大月から乗ってきた「紳士」が、新宿までの車内で乗り合わせた女性にしつこく声をかけて迷惑がられる場面が描かれている。

近年になって、全国の主要幹線からボックス席の車両が消え、通勤電車で普及するロングシートの車両への置き換えが進んだ背景には、客どうしがなるべく対面しないよう座席を配置するほうがよいという鉄道会社の考え方がある。車内でスマホの画面しか見ない客が大多数を占める時代には、この考え方がいかにも正しいように思える。

だがもともと車内で議論する文化がなく、会話自体もなくなると、生身の人間を「物体」としか見られなくなる傾向がますます強まるのではないか。二〇二一年八月に小田急線で起こった事件や同年一〇月に京王線で起こった事件は、通勤電車の車内で一人の乗客が公然と無差別殺人を企てた点で、きわめて衝撃的だった。

超特急と吉田健一の慧眼

一九五八（昭和三三）年一一月、東海道本線で電車特急「こだま」の運転が始まった。下り「第1こだま」は東京7時ちょうど発、大阪13時50分着、上り「第2こだま」は大阪16時ちょうど発、東京22時50分着だった。「こだま」という愛称は日帰り出張が可能になったことにちなんでいた。

時はまさに高度成長期。電気機関車が客車を牽引《けんいん》する従来の特急より速く走る「こだま」は「ビジネス特急」と呼ばれ、国鉄の花形電車となった。だが英文学者で旅を愛した吉田健一は、「こだま」に乗らなかった。

「東京と大阪の間を一日で往復しなければならない程忙しい生活というものがどうも満足に想像出来ない。例えば、電話するだけでは片付かない用事なので相手がいる所まで自分で出向いて行くというのならば、その相手に会って恐《おそろ》しくせかせかと話を進めなければ、帰りの『こだま』に乗り遅れることになる」（「超特急」）

大阪駅を発車する上り特急「第１こだま」の一番列車＝1958年11月１日、大阪市北区の国鉄大阪駅

吉田に言わせれば、目的地に急いで行かねばならないのは旅でなかった。逆に途中の駅で下車して、大好きな酒が売られているのを発見するくらいの余裕がなければならなかったのだ。

しかし、東海道本線で「こだま」が活躍した時期は長くなかった。六四年一〇月に東海道新幹線の東京―新大阪間が開業すると、代わりに東海道本線から「こだま」を含む昼間の特急電車が全廃された。高度成長の時代に見合ったいっそう速い電車が「ひかり」と命名されたことは、いかにも象徴的だった。

吉田は、「新幹線の『ひかり』に

も少しも乗りたいとは思わない」（同）と言う。「次には、用件を二つか三つ、恐しくせかせかと捌《さば》き、どうにか上りか下りの『ひかり』に間に合うという風なことになるのに違いなくて、その辺から何だか気持《きもち》がげんなりして来る」（同）からだ。

唯一期待されたのは、急いで行きたい客が東海道本線から新幹線に移る結果、「汽車の旅行が昔の俤《おもかげ》を取り戻す」（同）ことだった。だが国鉄は、東海道本線から昼間の特急ばかりか急行も廃止し、新幹線でないと移動しづらいダイヤに変えてゆく。こうして旅の目的が「ただそこに行くことだけ」（同）になれば、どういうことになるか。

「何《いず》れもっと機械、器具が発達すれば、ただ用事を足すだけの場合は旅行しないですむようになるに違いない。昔は人と懇談するのに、その人がいる所まで行かなければならなかったというような按配《あんばい》になるのである」（同）

吉田健一は、東海道新幹線が開業した六四年の時点で、今日のコロナ禍に伴うオンラインの普及を正しく予言していたのだ。まさに慧眼《けいがん》と言うべきだろう。

地上と地下の駅の違いは

二〇二一年一〇月の衆院選で東京一五区から出馬した親交のある候補の動静が気になり、選挙区の江東区を訪れてみて気づいたことがある。臨海部の埋め立て地を除いた区内の駅は、JR総武本線と東武亀戸線の亀戸、亀戸線の亀戸水神、都営地下鉄新宿線の東大島《おおじま》だけが地上駅で、あとはすべて地下に駅があることだ。

そもそも地上駅と地下駅はどう違うのか。地上駅はどこに駅があるかが明確にわかる。たとえ複数の改札口が設置されていてもメインの出入り口があり、広場やロータリーがあり、バスターミナルやタクシー乗り場が備わっている場合も少なくない。

ところが地下駅は地上から見えない。地上の出入り口が複数あっても、どこがメインなのかはよくわからない。もちろん広場やロータリーもなければ、バスターミナルもない。せいぜい、駅の近くを通っている道路に「〇〇駅前」や「〇〇駅入口」というバス停があるくらいだ。

紀平悌子候補（左から２人目）の応援演説をする有吉佐和子さん（同３人目）＝1974年７月、東京・有楽町

東京の山手線より西側は、東急田園都市線の渋谷―二子玉川間や東京メトロ丸ノ内線、有楽町線、都営地下鉄大江戸線などの例外もあるにせよ、概して地上線が多いうえ、線ごとのすみわけが比較的はっきりしている。つまり駅が区域や市域の目印となり、選挙の際には駅前に候補者や有力政治家らが集まり、有権者に向かって演説する公共空間になる。

一方、山手線より東側は線ごとのすみわけがはっきりしないうえ、西側より遅れて鉄道が発達したため地下鉄の比重が高い。江東区で言えば、東京メトロ東西線の東陽町も都営地下鉄新宿線の大島も地下駅だ。だから地上駅のように、駅前が人々を集める公共空間になりにくい。

一九七四（昭和四九）年の参院選で東京地

方区から立候補した紀平悌子を応援するため都内を回った有吉佐和子は、東京の東側と西側で雰囲気が違うことに気づいた。杉並区では「演説しながら手応えというものを感じた」のに、江東区では「ウグイス〔嬢〕が赤信号で止る度にマイクで叫んでも、誰も振返ってくれない」と感じたからだ（『複合汚染』）。

「中央線沿線は感度良好で、演説しても反応があるし、拍手が起ることもあってやり甲斐《がい》があるのだが、どうもこの辺りには私の小説など読んで下さっているような人々はいないのではないか」（同）

有吉がこう感じたのは、東京の西側で演説したのが中央線の阿佐ケ谷駅前だったのに対し、東側には中央線に匹敵する線がなかったことも関係していたと思われる。私が向かった街頭演説の場所も東西線の東陽町駅前ではなく、少し離れたスーパーの前の交差点だった。地上の駅前に相当する公共空間があればよいのにと思った。

クスノキが貫く高架の駅

鉄道の地上区間が減りつつある。線路が地上にあると道路と平面交差する際に踏切が必要で、車が渋滞するばかりか事故も発生する。「開かずの踏切」は歩行者にとっても不便だ。だからこそJR、私鉄を問わず、都市部を中心に踏切のない高架や地下の区間を増やしている。

例えば私が利用していたJR中央線の武蔵小金井駅も平成になって高架になったのに対し、西武新宿線の花小金井駅は地上のままだ。これだけを見ると西武新宿線のほうが遅れているように見えるが、地上を走る同線の武蔵関—東伏見間では、春になると線路に沿う石神井川に植えられたソメイヨシノの並木が彩りを添える。中央線の高架区間でこれほど間近に季節感を味わえる区間はない。

もちろん地上の区間でも、車窓から見えるのが自然の風景ばかりとは限らない。関東大震災のあと関東から関西に移住した谷崎潤一郎は、昭和初期の時点で早くも「およそ汽車

京阪本線の萱島駅を貫くクスノキ=2017年12月、大阪府寝屋川市

の沿道で横濱から東京の間くらゐきたない景色はあるまいと思ふ」と述べている（「汽車の窓から」）。

谷崎が嫌ったのは、「殺風景な野ツぱら」や「マッチ箱のやうな普請」や「大小無数の電信柱」だった。物干しに「洗濯物のおしめ」や「湯文字」つまり腰巻きがぶら下がっている光景などには、「横濱から上陸する外國人が日本の首府へ入京するときの第一印象がこれだとすると、あすこのところだけは眼をつぶつて通つてもらひたい」とまで述べている（同）。

谷崎が住む阪急神戸線の沿線は違った。「神崎〔川〕塚口あたりへ来れば、田圃《たんぼ》は一面の菜の花盛りで、車の中にまで匂つて来る。（中略）わたしのゐる岡本から神戸までは、四月時分は沿道櫻の花つゞきである」(同)。同線には、「櫻の花つゞき」になる地上の区間がいまでも残っている。

それどころか関西には、高架になったホームや屋根を巨大なクスノキの幹が貫いている駅がある。大阪府寝屋川市にある京阪本線の萱島《かやしま》駅だ。一九七二(昭和四七)年から始まる高架複々線化工事に伴い駅が移転したが、そこは萱島神社の境内に当たり、神木のクスノキが立っていた。当初は伐採する予定だったのが、災厄を恐れる住民の間に反対運動が起こり、保存されることになったのだ。

こういう話は関東で聞いたことがない。例えばJR横浜線では、小机《こづくえ》駅(横浜市港北区)の下りホームと長津田駅(横浜市緑区)の下り線路端にあったソメイヨシノや、中山駅(同)の上り線路端にあったアヤメなどが、いつの間にかなくなった。高架駅や地下駅に変わったわけでもないのに、伐採されたのだ。長津田駅のホームからは、よく見ると幹が無残に切られた痕を確認できるが、それに気づく客はもういないだろう。

丁寧な「大阪式」、東京へ

一九三五（昭和一〇）年に大阪を訪れた作家の中野重治は、バスの車掌の馬鹿丁寧な挨《あい》拶《さつ》に驚いた。「毎度御乗車くださいましてありがとうございます――どうもお待たせいたしました――ただいま信号でございますからしばらくお待ちを願います――何とかでございますから御辛抱を願います」（「大阪　奈良　神戸」）。こんな調子でのべつ幕なしに聞こえてくる。

中野は「大阪式」（同）が東京に入ってきて、地下鉄の案内もそうなったのを、「大阪でやってるのになぜやらないといった調子で、挨拶の言葉ひとつからさえ隷属的な気持ちを養おうとしているらしい」（同）と批判した。

だが戦後になると、評価がすっかり逆転する。それをうかがわせるのが、西武鉄道の月刊の社内報『西武』六六年二月号に掲載された座談会「私が見た関西私鉄」だ。関西を視察した職員たちが、率直な感想を語り合っている。

作家の中野重治（右）と妻で俳優の原泉（左）＝1947年撮影

ある職員は「阪急では、改札口で〝おはようございます〟〝ありがとうございました〟〝ご苦労さま〟などと乗るお客さん、降りるお客さんに声をかけていました」と話す。中野重治とは対照的に、「大阪式」を絶賛しているのだ。戦後もなお大阪と東京では客に対する職員の態度に違いがあったことがわかるが、大阪は東京にとって模倣すべき対象へと変化している。

『西武』の六八年二月号には、職員による「関西私鉄見てある記」が掲載された。「阪急では出札掛の大半が女性だとのことであり、また名古屋地下鉄では女性の改札掛員にお目にかかり、思わず見直してしまった」。当時の関東私鉄では、職員のほとんどが男性だった。ここでも大阪は模倣すべき対象とされている。

大阪では明治時代から女性がいち早く採用された。一八九三（明治二六）年に三井銀行大阪支店に着任した小林一三は、金庫係に女性がいることに目を見張った。「彼女達《たち》は鮮やかに紙幣を数え算盤《そろばん》を巧妙に弾《はじ》く。私は彼女達に教わりながら働いておったのである」（『逸翁《いつおう》自叙伝』）。小林が後に宝塚少女歌劇を思いつく背景には、こうした体験もあったのではないか。

東京出身で、明治末期に大阪朝日新聞社に入社した長谷川如是閑《にょぜかん》は、「私は、随分方々を歩いたつもりだが、遂《つ》ひぞ大阪に始めて行つた時位、外国へ行つたといふ強い感じのしたことはなかつた」と回想した（「郊外生活から見た大阪人」）。それほどまでに東京と大阪は違っていたということだ。

大阪は長年にわたり、東京とは異なる文化を築いてきた。たとえ当初は東京から見て奇異に映ったとしても、結局は根付いた「大阪式」の文化は少なくない。東京中心の鉄道網だけで、歴史は語れないのである。

宮本百合子が見た戦中と戦後

一九四五（昭和二〇）年七月初旬、作家の宮本百合子は上野22時50分発の東北本線下り小牛田《こごた》ゆき普通列車に乗り、本籍地のある福島県の郡山に向かった。

三等車の車内は混んでいて座れず、百合子は荷物の上に腰かけた。米軍機による空襲は、地方都市にも拡大しつつあった。「小山《おやま》で空襲に会うか宇都宮の先で会うか」（「日記　一九四五年」）わからなかったが、結局あわないまま郡山に着いた。

車内には不思議な一体感が漂っていた。「空襲の不安、その共通の被害、明日は我身の上という寛大さ。そういうものが貫いていて、何となし火事のあとのような一種の和気があった」（同）

終戦を郡山で迎えた百合子は、北海道の網走に収監されていた夫の宮本顕治の実家がある山口県に向かうため、九月五日に郡山から山陽本線の島田までの切符を買った。

翌日、東北本線上りの二等車に乗ると、「汽車の中の気分がまるで違っている」（同）。

自宅でくつろぐ宮本顕治と妻の百合子＝1947年撮影

車内の一体感はなく「みんなてんでばらばらの表情」（同）になっていたからだ。不正乗車が多いせいか、検札に来た車掌が声を荒らげている。「こんなめちゃくちゃな世の中になったのに、汽車ばっかりやかましいこと云《い》ったって仕様がないじゃないか」（同）と大声で悪態をつく客に対して、「鉄道の規則はどこまでも守って貰《もら》わにゃなりません」（同）と応じる車掌。沈鬱《ちんうつ》で重苦しい空気が車内を覆っていた。

百合子は友人が住んでいた埼玉県の久喜《くき》でいったん降りてから、東京に入った。当時の東海道本線と山陽本線には、東京と下関を結ぶ急行が一本走っていた。東京8時30分発のこの列車に乗ると、山口県の岩国に翌朝の4時40分に着く。島田は急行が止まらないので乗り換える必要があった。

九月一一日に二等車の急行券を買った百合子は、一二日の午前六時半から東京駅で並んで座ることができた。窓ガラスはなく、電灯もついたり消えたりした。大阪から先は消えたままになった。列車は朝鮮半島に帰る客で混んでいた。岩国には三時間以上も遅れ、翌朝八時ごろに着いた。

百合子は獄中の顕治にあてた手紙でこう書いた。

「東海道と山陽本線は、東北本線と何たる異《ちが》いでしょう。いままでよりもずっと時間がかゝりここまで来たのに、まるで東京からぬけきらないいまゝのような気がします。焼跡つゞきだから」(『十二年の手紙』下)

東海道本線や山陽本線の沿線では、空襲でやられた都市が帯状に連なっていたのだ。被爆した広島駅は、地下道だけが残っていた。岩国駅もホームの代わりに板が張られていた。人糞《じんぷん》がところどころに落ちているのを見た百合子は、「ロシアの田舎駅」を思い出したという。

落合博満と内田百閒

二〇一一（平成二三）年八月のある日、スポーツ紙記者の鈴木忠平《ただひら》は東京駅の新幹線改札口に立ち、中日ドラゴンズの監督だった落合博満が来るのを待っていた。東京から名古屋に移動する車内で話を聞こうと考えたからだ。

鈴木の『嫌われた監督』によると、落合が乗ろうとしたのは東京18時51分発の「のぞみ59号」だった。しかし落合はなかなか現れなかった。発車まで一分足らずになったとき、ようやく姿が見えた。

「落合はいつものように、ぶらんと体の脇に下げた両腕をほとんど動かすことなく、ゆったりと歩いてきた。改札の前に立っている私を見つけると、『お』と短く発し、改札を抜けた。私はその後ろに続いた」（『嫌われた監督』）

列車に乗り遅れまいと急ぐ客を横目に、落合のペースは全く変わらなかった。「まもなく、扉が閉まります――」というアナウンスが聞こえてもそうだった。

鉄道80年の記念行事で東京駅の一日名誉駅長を務める作家の内田百閒
＝1952年10月15日撮影

「周囲に流されない。他に合わせない。それが落合の流儀だろう。だが、あらかじめ指定席をおさえた新幹線が今まさに目の前で動き出そうとしている。そんな状況でさえ、自らの歩みを崩そうとしない人間を私は初めて見た」
(同)

落合が乗り込まないうちに「のぞみ」の扉は閉まった。この場面を読んで思い出したのは、内田百閒が弟子との汽車旅を描いた『第一阿房《あほう》列車』だった。

一九五一(昭和二六)年三月、百閒は東京から東海道本線の普通列車に乗り、国府津《こうづ》で降りて御殿場線に乗り換えようとした。だが東海道本線の列車が遅れていたため、国府津で駅員に早く乗り換えるよう急《せ》かされた。百閒は反発し、歩調を変えなかった。階段を上がる途中で、発車の汽笛が鳴った。

「その音を聞いて、あわてて階段の残りを馳《か》け登るのはいやである。人がまだその歩廊へ行き著《つ》かない内に、発車の汽笛を鳴らしたのが気に食わない」（『第一阿房列車』）

百閒が乗り込まないうちに御殿場線の列車は動き出した。落合の性格が百閒とうり二つに見えたのは、この記述を思い出したからだ。

だがそのあとの展開が違っていた。百閒は国府津駅でしばらく次の列車を待ったのに対して、落合の場合はなぜかいったん閉まったはずの扉が再び開き、悠々と乗り込むことができたのだ。

『嫌われた監督』は全体が緊密なストーリーになっているが、東京駅の場面はそこから外れている。だからこそ強く印象に残るのだ。ただ時刻表を調べてみると、東京18時51分発「のぞみ59号」は現在のダイヤであり、一一年八月当時、この列車に最も近かったのは18時50分発「のぞみ63号」だ。小さな瑕疵《かし》ながら指摘しておきたい。

渡辺京二さんとの出会い

大学を出てから一年ほど、東京・永田町の国立国会図書館で働いたことがある。納入される地方出版や自費出版の本の奥付を見ながら書誌情報をカードに書き込む作業をしていたとき、一冊の本にめぐりあった。

タイトルは『なぜいま人類史か』。出版元は福岡市の葦書房で、著者は渡辺京二とある。熊本在住で、福岡の予備校で教えながら近代日本思想史に関する本をいくつも出されていた。「あとがき」の文章にひかれ、いつかお会いしてみたいと思った。

大学院の博士課程に属していた一九九一(平成三)年六月、念願がかなった。岩波書店の月刊誌に連載していたコラムで、渡辺さんを取り上げることになったのだ。

朝、熊本駅前から市電に乗り、終点でさらにバスに乗り換えた。市の中心部からかなり離れた郊外の住宅地に、渡辺さんの家はあった。

当時、渡辺さんはまだ還暦を過ぎたばかりで若々しかった。ひとしきり話したあと、

熊本・真宗寺で渡辺京二さん（左）と石牟礼道子さん=1991年6月、著者撮影

「あなたに会わせたい人がいるから、一緒に行かないか」と誘われ、真宗寺という寺に向かった。渡辺さんは、この寺を教室にして私塾も開いていた。『なぜいま人類史か』にも、私塾での講義の一部が収められていた。

まもなく、花柄の服を着た小柄の女性が寺に現れた。石牟礼道子さんだった。

石牟礼さんの名は『苦海浄土』とともに記憶していたので、突然その人を目の前にして言葉が出なかった。渡辺さんとの付き合いは、もう三〇年近くになるという。当初は渡辺さんが編集者、石牟礼さんが著者という関係だったが、水俣病闘争が本格化するにつれ、二人の関係は同志的なものになってゆく。

石牟礼さんが「文字というものを持たなかったいにしえの人は、この風のゆらめきをどのように感じとったのでしょうね」と言うと、渡辺さんが「この人はね、文化人類学の用語でいう無文字社会にずっと関心を持っているのですよ」と解説する。そんなやりとりがしばらく続いた。

ずっと聞いていたかったが、熊本16時35分発の東京ゆき寝台特急「はやぶさ」の切符を持っていた。それを告げると、渡辺さんは「上京するとき、『はやぶさ』に何度も乗ったものだ」と石牟礼さんの方を見ながら言った。東京と九州を結ぶ寝台特急はいまや全廃されたが、当時はまだ五本あった。寝台特急が水俣病闘争で大きな役割を果たしてきたのかと思うと、感慨を禁じえなかった。

後日、月刊誌を送ると石牟礼さんから返事が来た。「お若いあなたの思考のゆく奥の方を、かいま見たと思いました。ますますのご精進をお祈りいたします」。原稿用紙に升目を無視した伸びやかな字が躍っていた。

紀伊長島の金塊を追って

小学三〜四年生の頃、ポプラ社から出ていた江戸川乱歩の少年探偵シリーズ本を愛読していた。中でも『大金塊』は、ある実業家の先祖がひそかに埋蔵した金塊のありかを記した暗号を名探偵明智小五郎が解読し、助手の小林少年や実業家、そしてその息子とともに「鬼ガ島」と地元で呼ばれる島に向かう場面に幼い心を奪われた。

もちろん「鬼ガ島」は架空の島だが、その場所は長島から「船で八キロばかりの荒海の中」にあるとされた。長島は「三重県の南のはし」にあるという記述から、紀勢本線の駅がある紀伊長島を指しているとわかった。

明智ら四人は、品川から汽車に乗り、「汽車の中でねむって、そのあくる日の昼ごろには、（中略）長島町についていて」いた。『大金塊』が月刊誌に連載されたのは、一九三九（昭和一四）年から四〇年にかけてだった。

四〇年の時刻表を見ると、東京午後10時35分発鳥羽ゆきの夜行列車がある。品川発は10

横溝正史と対談する江戸川乱歩（左）＝1949年

時49分だ。列車は名古屋から関西本線、亀山から参宮線（現・紀勢本線）に入り、紀勢東線（同）との分岐駅である相可口《おうかぐち》（現・多気）に翌朝の8時45分ごろに着く。この駅で9時25分発尾鷲《おわせ》ゆきの普通列車に乗り換えると、紀伊長島に11時ごろに着くから、先の記述に間違いはないということになる。

三重県は伊勢、志摩、伊賀、紀伊の旧四国からなっている。紀勢本線でいえば、亀山から紀伊長島の一駅手前の梅ケ谷《うめがだに》までが伊勢に属する。それまで内陸を走っていた列車は、次の紀伊長島との間で荷坂峠を越えて紀伊に入る。その間にトンネルが一三カ所あり、大カーブの連続で急坂を下ると海が見えてくる。太平洋の一部をなす熊野灘だ。

高校一年だった七九年三月に紀伊長島を訪れたことがある。紀勢本線最大の難所を走る列車を撮影するためだったが、小学生時代に読んだ『大金塊』の記憶が脳裏に焼きついていた。一体どんなところなのか見てみたかった。

当時は東京と和歌山県の紀伊勝浦を結ぶ寝台特急「紀伊」が走っていた。東京を20時40分に出たこの特急は、紀伊長島に翌朝の5時18分ごろに着いた。まだ夜も明けぬ駅に降り立ったのは一人だけだった。

早朝の街を歩いている人はいなかった。しだいに空が明るくなり、右手に港が見えてきた。明智ら四人が金塊を求めて港を出たのはこのあたりかと思いながらなおも歩いてゆくと家並みが絶え、山道へとさしかかった。

その途端に犬の遠ぼえが聞こえ、それを合図に野犬が集まってきた。気がつくと一目散に港のほうへと駆け出していた。もう撮影どころではなかった。「鬼ガ島」まで逃げたいと思った。

横光利一と舞子の風景

一九三六（昭和一一）年八月二五日の午後8時30分、下関駅から東京ゆきの特急「富士」が発車した。

「富士」はもう一つの特急「櫻《さくら》」とともに、東京と大陸を結ぶ国際列車としての役割を果たしていた。だが同じ特急でも、格式は「富士」のほうが高かった。「櫻」にはない一等寝台車や一等展望車を併結していたからだ。

最後部の展望車のソファに座りながら、うとうととしていた一人の男がいた。作家の横光利一《りいち》だった。

横光はベルリンでオリンピックが開かれていた三六年八月一一日、ベルリン動物園駅から東に向かう国際列車に乗った。途中、線路幅が異なるため、ポーランドとソ連の国境に当たるネゴレエと、ソ連と「満洲国」との境に当たる満洲里で列車を乗り換えた。そしてハルビンから大連まで列車、大連から平壌まで飛行機、平壌から釜山まで再び列車という

国際列車と呼ばれていた東京―下関の特急列車に「富士」「さくら」（時刻表表記は櫻）の愛称がつけられた＝1929年9月ごろ撮影

具合に乗り換え、八月二五日の午前10時50分に釜山に着いた。釜山からは接続する関釜連絡船に乗って下関に渡り、ようやく「内地」の土を踏んだ。

　しかし「富士」の車窓を流れるのは、漆黒の闇しかなかった。横光は寝台車に乗りたかったが、あいにく全部ふさがっていた。食堂車もまた満員だった。

　展望車ではフィリピンのマニラから帰ったという二人の青年と乗り合わせた。彼らはしきりに話しかけてきたが、ベルリンから乗ったと言うと急に話しかけるのをやめた。眠かった横光には、それがかえって幸いだった。

　目覚めるともう夜が明けていた。列車は午前5時20分発の姫路を過ぎ、明石海峡を望む舞子にさしかかった。
「窓の下に海が拡《ひろが》り砂浜の上を浴衣の散歩姿が沢山あちこちに歩いていた。（中略）淡路島らしい島が薄霧の上に煙って幽《かす》かに顕《あらわ》れて来る。雄松《おまつ》の幹のうねりが強く車窓に流れていった。日本の朝の日の光を矢代は初めて見たのである。彼は車窓から乗り出すようにして自分の国は世界で一番幸福そうな国だと思った」（『旅愁』）
評論家の関川夏央は、この小説の「矢代」は横光自身だとしたうえで、「『日本の幸福』を保証するものは、水蒸気に煙る『日本の風景』であった。それを照らす、穏やかで明るい日の光であった」と述べている（『東と西　横光利一の旅愁』）。
ベルリンから延々と列車などに揺られてきた横光は、舞子のあたりで初めて車窓から朝日に輝く海と白砂青松の海岸を見た。横光がたどったルートは、当時の欧州から帰国した多くの日本人のルートに重なる。そう考えると、舞子の風景がいかに愛国心をかきたててきたかがよくわかるというものだ。

折口信夫が詠んだ西武池袋線

西武池袋線の下り電車がひばりヶ丘駅（東京都西東京市）を出るとまもなく、左手の車窓から住宅地が消え、武蔵野の面影を残す雑木林に囲まれた一帯が現れる。幼稚園から大学部まで一貫教育を行う学校法人・自由学園だ。

線路はその手前で右に曲がり、荒川水系の落合川を渡ると再び住宅が密集してくる。電車はしだいに減速し、次の駅の東久留米に着く。

ひばりヶ丘という駅名は、一九五九（昭和三四）年に日本住宅公団が建設したひばりヶ丘団地（現・ひばりが丘パークヒルズ）に由来する。それ以前は「田無町《たなしまち》」と言った。並行する西武新宿線にも田無駅があったから、よく間違えられたという。

田無町は自由学園の最寄り駅だった。民俗学者の折口信夫は、敗戦直後の四六年から、ほぼ学期ごとに自由学園を訪れる習慣を、亡くなる前年の五二年まで続けた。品川区大井出石町《いずしまち》（現・西大井三丁目）に住んでいた折口は、山手線と現在の西武池袋線を乗り継ぎ、

ひばりヶ丘―東久留米間を走る西武池袋線の上り電車

田無町で降りて学園に向かった。

西武池袋線の前身は武蔵野鉄道だったが、堤康次郎の主導により現在の西武鉄道が生まれ、旧武蔵野鉄道は西武武蔵野線となった。さらに西武池袋線と改称されたのは、五二年になってからだ。

折口は歌人・釈迢空《しゃくちょうくう》として有名な半面、詩も詠んだ。「輝く窓」と題する最晩年の詩には、西武池袋線が出てくる。

「時々に軋《きし》り来るもの―。／遠野より近づく響き―／また更に　遠ざかりゆく／西武線　軌道の畝《うね》り／そよ風に　電柱ぞ鳴る。」

これはおそらく、自由学園を訪れたときの体験をもとにしたものだろう。電車自体は雑木林にさえぎられてよく見えなかったのに、走行音は校舎まで聞こえてきた。

当時の同線の複線区間は池袋―田無町間だけで、田無町から先は単線だった。だから上りと下りの電車が走りながらすれ違うことはなかった。どちらか一方の電車が近づき、また遠ざかる音だけが聞こえたはずだ。

首都圏の多くの線はすでに複線電化されていたが、全国的に見ればまだ非電化の線が多く、SLが活躍していた時代だった。電車はSLと比べて明らかに音が違う。モーター音を響かせながら近づき、カーブでは減速して軋む音を立てる。ドラフト音がない代わりに、規則正しい線路の継ぎ目の音がいっそう大きく聞こえてくる。

だが、折口の耳に聞こえたのは、電車の走行音だけではなかった。詩は「あはれ／その聲《こえ》にまじりて、／かそかにも／近き音なひ―。」と続いているからだ。折口は、近代の音にかき消された武蔵野の忘れ水の音に耳を澄まそうとしていたのだ。

『雪国』に描かれた上越線

川端康成の『雪国』といえば、冒頭の「国境の長いトンネルを抜けると雪国であった」という一文があまりにも有名だ。

群馬、新潟両県にまたがるこの単線トンネルは、一九三一（昭和六）年に開通した上越線の清水トンネルを指している。全長は九七〇二メートルで、当時としては日本で最も長かった。開通に合わせてトンネルをはさむ水上《みなかみ》—石打《いしうち》間が電化されたのは、蒸気機関車だと機関士がトンネル内で窒息する恐れがあるからだった。

トンネルの前後には二つのループ線がある。ループ線というのは山岳地帯の急勾配を緩和すべく、螺旋《らせん》状に敷かれた線路のことだ。列車は一回転して山を上り、トンネルで県境を越え、もう一回転して山を下り、小説の舞台である越後湯沢に向かった。

しかし六七年に上越線が複線化されて下り専用の新清水トンネルができると、清水トンネルは上り専用となる。掘削の技術が進歩したのに伴いループ線はなくなり、全長一万三

上越線の新清水トンネルを抜けて走る下り特急「とき」。左側は上り線専用となった清水トンネル

五〇〇メートルのトンネルで一気に県境を越えられるようになったのだ。

だが、『雪国』と同じ体験ができなくなったわけではない。主人公の島村が下り列車で越後湯沢に向かったのと同じ一二月、同駅でヒロインの駒子と別れ、上り列車で帰京する場面もあるからだ。こちらのほうが、上越線の車窓が具体的に描かれている。

「国境の山を北から登って、長いトンネルを通り抜けてみると、冬の午後の薄光りはその地中の闇へ吸い取られてしまったかのように、また古ぼけた汽車は明るい殻をトンネルに脱ぎ落して来たかのように、もう峰と峰との重なりの間から暮色の立ちはじめる山峡を下って行くのだった。こちら側にはまだ雪がなかった」

ループ線を上って清水トンネルを抜け、またループ線を下ってきたら雪がなかった。一二月には群馬県側でも雪が積もっていることが少なくないが、この小説ではトンネルが雪国の「国境」でなければならなかった。列車は水上で機関車を電気から蒸気に付け替え、利根川に沿うようにして関東平野に出る。「流れに沿うてやがて広野に出ると、頂上は面白く切り刻んだようで、そこからゆるやかに美しい斜線が遠い裾まで伸びている山の端に月が色づいた。野末にただ一つの眺めである、その山の全き姿を淡い夕映の空がくっきりと濃深縹《ふかはなだ》色に描き出した」

雪国は遠ざかり、しだいに東京が近づいてくる。それでも島村の心はついさっきまで一緒にいた駒子の影にとらわれている。「島村はなにか非現実的なものに乗って、時間や距離の思いも消え、虚《むな》しく体を運ばれて行くような放心状態に落ちると、単調な車輪の響きが、女の言葉に聞えはじめて来た」。車外の風景は刻々と変わりながら、車内にはなおも雪国の残像が色濃く漂っていた。

三島由紀夫の新婚旅行

一九五八（昭和三三）年六月一日、東京19時51分発の東海道本線下り普通電車に、明治記念館で結婚式を挙げたばかりの三島由紀夫、瑤子夫妻が乗った。半月に及ぶ新婚旅行に出発するためだった。

三島はすでに文壇の寵児《ちょうじ》になっていて、車内でも某グラフ誌の写真班がカメラを向けた。彼らは品川で降りたが、神奈川県の平塚を過ぎると文芸評論家の福田恆存《つねあり》夫妻が現れ、「さっきからずっと隣りの席で様子を見ていた」と言い残し、次の大磯で降りていった（『戦後日記』）。

三島夫妻は21時28分着の小田原で降りて自動車に乗り換え、明治初期創業のクラシックホテルとして名高い箱根宮ノ下温泉の富士屋ホテルに向かった。

「予約した菊の間は一種のシュイット・ルームだが、居間とのあいだを御殿風の檜《ひのき》の四枚戸がさえぎり、一隅には灯籠《とうろう》型のスタンド・ランプがあり、すべての様子が、ひるま式を

妻瑤子と新婚旅行に向かう三島由紀夫（左）

あげた明治記念館のつづきのような気にさせる」（同）

富士屋ホテルのすぐ近くに奈良屋旅館があった。江戸時代創業のこの旅館は、宮ノ下では富士屋ホテルと双璧をなす和風の温泉旅館だった（現在は閉館）。

六月四日、首相の岸信介が東京を出て奈良屋旅館に入った。岸は静養のためしばしば奈良屋に滞在し、館内には記者室まであった。このときは内閣改造に伴う閣僚や党役員の人事を構想することが目的だったようだ。

同日、三島夫妻は富士屋ホテルを発って車で静岡県の熱海に向かい、現在は同市の文化財として一般公開されている旅館・起雲閣《きうんかく》で一泊した。翌五日は熱海13時59分発の大阪ゆき特急「はと」の展望車に乗り、次の目的地の京都に向かう。

車内で「『きのう箱根で、組閣中の総理に会って懇談したんだが……』などと言っている客がある」（同）。三島は声の主について記していないが、始発駅の東京から乗った記者か政治家だったはずだ。自らも前日まで箱根宮ノ下にいたから、おのずと注意力が高まったのだろう。

丹那トンネルを抜けて三島を通過すると、右手の車窓に富士山が現れた。「車窓に、数条の雪を頂きにのこしただけの、野焼きのあとの畑土のような色をした夏富士を見る」（同）

三島が富士山に注目したのは深いわけがあった。そもそも三島由紀夫という筆名は、恩師で国文学者の清水文雄が地名の「三島」と、雪をかぶった富士山にちなんだ「由紀夫」を組み合わせて発案したとされているからだ。

三島は新婚旅行の途上、作家の原点というべき駅を通過し、平岡公威《きみたけ》が三島由紀夫となってからの歩みを改めて振り返り、感慨を新たにしたのではないか。

中上健次にとっての天王寺

明治以降の日本では、東京を中心とした鉄道網が敷かれてきた。全国のどこの駅にいようと、東京から離れるほうが「下り」、逆に近づくほうが「上り」だった。

しかし和歌山県の新宮は、戦後もなお上りが東京とつながらなかった。新宮を通る紀勢西線の下りは阪和線を介して大阪府の天王寺まで行けたのに対し、上りはせいぜい三重県の新鹿《あたしか》までしか行けなかったからだ。さらに先に行くには、矢ノ川峠《やのことうげ》という難所を越えねばならなかった。

この難所を避けるルートで紀勢東線と西線がつながって紀勢本線が全通し、新宮から名古屋まで直通の列車が走り始めたのは一九五九（昭和三四）年七月。これでようやく上り列車で新宮から東京に行けるようになった。

作家の中上健次は、四六年に新宮で生まれ、市内の小学校に通った。つまり中上の小学生時代には、紀勢本線は全通していなかった。全通する直前の新宮駅の時刻表を見ると、

1959年、紀勢本線が全通すると初めて紀伊半島を一周する列車が登場する。写真は名古屋発天王寺行きの準急「くまの」の出発式

下りは準急「はやたま」や準急「くまの」など、天王寺ゆきの準急や普通が六本ある。一方、上りは紀伊木本（現・熊野市）ゆきか新鹿ゆきの普通しかない。

中上が七七年に紀伊半島の各地を巡った体験を記したルポルタージュ『紀州』で、最後に訪れたのは天王寺だった。中上は天王寺を、「半島の西のつけ根に当たる土地」としてとらえている。

「天王寺、その地名の響きは紀伊半島の者に一種独特なものがある。此処《ここ》をくぐって半島から外へ出、此処をくぐって半島に入る。正直、私は何度、この土地に来ただろう。子供の頃から天王寺とは私を催眠状態にさせた。紀州熊野新宮に生まれた私に此処は彼方《かなた》であった」

この感覚は、自動車がまだ普及せず、鉄道が陸上輸送の主役だった五〇年代に育まれたものだろう。『紀州』は中上自身が車を走らせながら書いた作品だが、天王寺に対する思いの深さは当時の交通事情を念頭に置かなければ理解できないのではないか。

中上は天王寺を、「都会であり、近代」に見えたと回想する。それは東北人にとっての上野と同様、頭端式のホームがある終着駅でもあった。しかし中上は、天王寺の周辺に位置する日雇い労働者の街、釜ケ崎や、遊郭があった飛田《とびた》にも足を延ばす。東京と変わらない都会に見えたはずの天王寺が、実は生まれ育った新宮のように「差別、被差別の回路」と無縁でなかったとしているのだ。

ちなみに現在は、新宮から天王寺ゆきの列車はない。上り特急「南紀」は名古屋まで、下り特急「くろしお」は京都や新大阪まで通じ、新幹線に接続する。新宮は東京中心の鉄道網にすっかり組み込まれている。

第四章

事件は鉄路で

モノレールと鉄道の「秩序」

二〇〇三（平成一五）年八月一〇日、沖縄都市モノレール（ゆいレール）の那覇空港―首里間（一二・九キロ）が開業した。その開業に合わせて羽田を発ち、わざわざ乗りに出かけた。

沖縄本島には戦前まで鉄道があったが、沖縄戦で破壊されたまま復旧しなかった。戦後の米国統治により島内では道路が整備され、公共交通の主役は米国と同じく道路の右側を走るバスになった。一九七二（昭和四七）年に沖縄が日本に復帰し、七八年に左側通行に変わってからも那覇のターミナルを中心にバスが活躍した。モノレールは、多くの県民にとって島内初の鉄道に等しかった。

どの駅にも改札口に「ゆいレール便利帳」と題する小冊子が置かれていた。利用する際の心得が記され、「列に並んで電車を待とう」「順序よく電車を降りよう」などの見出しまであった。まるで鉄道が初めて開業した明治の日本にタイムスリップしたようだと思った。

開業3年を迎えた「ゆいレール」＝2006年8月10日

政治学者の成沢光《あきら》が指摘するように、「(明治初期の) 駅は公共の時間空間を創り出し、市民に教育する学校であった」(『現代日本の社会秩序』) からだ。

しかしこの認識には啓蒙《けいもう》のにおいがつきまとう。必ずしも時間通りにバスが来ず、来ればー斉に乗り込もうとする沖縄の習慣を遅れたものと見なし、決められたダイヤにしたがって人々の動きが秩序立てられるのが近代的だとする価値観があるからだ。果たしてそれは正しい価値観なのかを自問したとき、韓国での体験がよみがえった。

元号が昭和から平成に変わった八九年一月、私は初めて韓国を訪れた。ソウルの地下鉄に乗ると、「ソウル駅」という駅のほかに「高速ターミナル」や「南部(旧貨物)ターミナル」という駅があることに気づいた。「駅」は鉄道の、「ターミナル」はバスのターミナルを意味した。

どれも東京の地下鉄ではあり得ない駅名だった。高速ターミナルに行ってみると、ソウル駅以上に人々が集まり、各地に向かうバスがどんどん発車する。韓国では鉄道の電化が遅れる代わりに、沖縄と同じく米国にならって右側通行の道路網が確立され、時刻表を見なくてもすぐに乗れるバスが公共交通の主役として定着していたのだ。

植民地時代の朝鮮半島では日本により鉄道の敷設が進められた。朝鮮総督が列車に乗って地方を視察する際には、天皇の行幸同様、沿線で人々が整列し、列車に向かって敬礼する光景が見られた。その光景自体が、日本の植民地支配を象徴していた。

韓国で鉄道よりバスの方が発達したのは、鉄道が統治の手段として利用されたのも一因ではなかったか。鉄道が作り出す秩序を肯定的に評価できない歴史もあることを忘れてはなるまい。

「西口」とつく駅名の東西

二〇〇四（平成一六）年一月、ＪＲ北陸本線の武生《たけふ》駅を降りて福井鉄道福武線の始発駅に向かった。武生新という駅だった。ふしぎな駅名だと思って電車に乗ると、こんどは福井新という駅を通った。「新〇〇」という駅はたくさんあるが「〇〇新」という駅は見たことがなかった。福井県の鉄道では、他の都道府県と異なり、「新」を本家の駅名の後につける習慣があるのだろうと思った。

だが、この思い込みは正確でなかった。えちぜん鉄道勝山永平寺線に新福井という駅があったからだ。歴史的には一八九六（明治二九）年に福井駅が、一九一四（大正三）年に新福井駅が、三三（昭和八）年に福井新駅が開業した。福井新は先に開業した新福井と区別するため、「新」を福井の後につけたわけだ。

新福井よりも新しいと言いたかったのだろう。だが駅名だけでどちらが新しいのかを判別するのは難しい。二〇一〇年三月には福井新が赤十字前に、武生新が越前武生に改称さ

工事中の西鈴蘭台駅。1970年６月に開業した＝同年５月、神戸市

れ、どちらの駅名も消えてしまった。

一九九九年一〇月には、神戸電鉄粟生《あお》線に初めて乗った。同線の起点は神戸市の郊外にある鈴蘭台で、次の駅が鈴蘭台西口、その次の駅が西鈴蘭台だった。よく似た駅名が連続することに驚いた。

関西には、本家の駅名のあとに「西口」「南口」「北口」がつく駅が私鉄にいくつか見られる。しかし「西口」と「西」が連続する線はほかにない。

歴史的には三二年にまず小部《おうぶ》駅が鈴蘭台に改称され、六二年に小部西口駅が鈴蘭台西口に改称された。そして七〇年には西鈴蘭台駅が開業している。西鈴蘭台は、鈴蘭台西口よりもさらに西にある駅として開業したわけだ。

この「西口」と「西」の違いは、関西以外の乗客にはわかりにくいのではないか。

東京でも、九六年に営団地下鉄（現・東京メトロ）丸ノ内線の新宿―中野坂上間に西新宿駅が開業したのに続き、二〇〇〇年には都営地下鉄大江戸線の全通に伴い、新宿西口駅が開業した。つまり鈴蘭台と同様、本家の駅のほかに「西口」と「西」がつく駅がそろったことになる。

けれども「西口」の意味は全く異なる。鈴蘭台西口が鈴蘭台よりも西にあり、西鈴蘭台ほど西にはないのに対して、新宿西口は文字どおり新宿駅の西口という意味であり、事実上新宿駅と一体化しているからだ。

同じ漢字を使っても関東と関西の駅名では意味が違う。こうした例は、庭園や遊園地を意味する関東の後楽園や豊島園、住宅地や野球場を意味する関西の香里園《こうりえん》や甲子園などの「園」にも見られる。全国の駅名を注意深く眺めれば、地域の多様性を実感できるのだ。

鶴見事故が左右する運命

私が小学生だった一九七〇年代前半には、悲惨な航空事故や新左翼などによるハイジャック事件が相次いだ。それに比べれば、鉄道は安全な乗り物と思われていた。

もう一〇年早く生まれていたら、そうは思わなかっただろう。六〇年代前半には、三河島事故、鶴見事故といった大規模な鉄道事故が相次いだからだ。中でも六三（昭和三八）年一一月九日に横浜市内で起こった鶴見事故では一六一人が亡くなり、戦後発足した国鉄で最悪の鉄道事故となった。

事故のあらましはこうだ。午後9時50分ごろ、鶴見―新子安間で脱線して傾いた下りの貨物列車に上りの横須賀線電車（一二両編成）が進入して激突し、その一両目が、異常を発見して減速していた下りの横須賀線電車（同）に乗り上げた。このため下り電車数両が大破し、上り電車数両も大破、脱線した。ちなみに当時はまだ、横須賀線と東海道本線が同じ線路を走っていた。二本の電車が事故に巻き込まれたことで、死傷者の数は大きく

1963年11月９日、横浜市鶴見区で三重衝突事故が起きた

ふくらんだ。

ただ多くの航空事故とは異なり、鶴見事故では乗客全員が死傷したわけではなかった。それどころか、全く損傷しなかった車両もあった。二本の電車とともに、どの車両に乗ったかによって客の運命が分かれたのだ。

横浜市立大学の学長だった三枝博音《さいぐさひろと》は、下り電車の五両目に乗っていた。ちょうど上り電車が突っ込み、大破した車両に乗ったことになる。三枝の遺体は事故現場に近い曹洞宗大本山總持寺に安置された。

小池真理子の長編小説『神よ憐れみたまえ』は、「一九六三年十一月九日」という節から始まる。まさに鶴見事故が起こった日だ。大田区の久が原で夫婦を殺害した「男」は自転車で川崎に向かい、社員寮のある保土ケ谷まで横須賀線に乗ろうとした。ホームに出たとき、時計の針は午後9時42分を指していた。「男」は44分発の逗子ゆき下り電車の一両目に乗った。保土ケ谷駅の改札口に通じる跨線橋が、ホームの最も戸塚寄りにあったからだ。当時の保土ケ谷駅は、確かにそういう構造をしていた。この電車は事故に巻き込まれたが、一両目は何ともなかった。

さらに「男」にとって幸いしたのは、同じく事故に巻き込まれながら何ともなかった上り電車の最後部に会社の同僚が乗っていたことだ。詳しくは小説を読まれたいが、この偶然が「男」の運命を左右することになる。

当時一一歳だった小池真理子は、鶴見事故で母方の叔父を亡くしている。数々の悲運に見舞われながら生き抜く女性を描き出した『神よ憐れみたまえ』は、戦後史に残る鉄道事故を文学に昇華させた希有な試みとしても、長く記憶されるはずだ。

原敬暗殺事件と関東大震災

一九二一（大正一〇）年一一月四日午後7時20分、現在の東京駅丸の内南口に、首相の原敬が現れた。原は京都で開かれる立憲政友会の大会に出席するため、東京を7時30分に出る神戸ゆきの夜行急行列車に乗ろうとしていた。

原が改札口に向かおうとしたときだった。円柱の陰から紺絣《こんがすり》に鳥打ち帽の青年が飛び出し、原に体当たりした。その反動で尻もちをついた若者の手には、血塗られた短刀が握られていた。原は直ちに駅長室に担ぎ込まれたが、即死の状態だった。

青年の名は中岡艮一《こんいち》。年齢は一八歳で、大塚駅の職員としてポイントの操作を担当していた。「なぜ首相を刺そうという考えを起こしたか」との予審判事の尋問に対しては、「つまり政治に私を入れる（私利私欲の意味）からやりました」と答えている（猪瀬直樹『ペルソナ』）。だが単独犯だったのか、背後に黒幕がいたのかについてはいまもわかっていない。

そもそもなぜ中岡は、原が丸の内南口に現れることを知っていたのか。一〇月三〇日の

原敬首相が刺殺された東京駅の現場

『東京朝日新聞』夕刊には、原が四日午後7時30分東京発の列車で京都に向かうという記事が出ていたが、それ以上の情報はなかった。

当時の東京駅はまだ八重洲口がなく、丸の内口は中央口が皇室専用、北口が降車専用、南口が乗車専用という具合に分かれていた。大塚駅の職員だった中岡は、当然東京駅の構造についても熟知していたはずだ。原が通るのは南口以外あり得ないことを察知し、新聞から得た情報をもとに改札口付近で待ち構えていたのだろう。

だが新聞は、はじめから犯人が誰かを報道できていたわけではなかった。それどころか一一月四日に出た『大阪朝日新聞』の号外は「犯人は鮮人」とし、第二号外でも

「朝鮮人風の一青年現はれ出《い》で」と記している。この「鮮人」が当時の蔑称であることは言うまでもない。

紺絣に鳥打ち帽をかぶった青年がなぜ「朝鮮人風」に見えたのか、記事には全く説明がなかった。もちろん一一月五日の朝刊では中岡艮一の名が掲載されたが、号外は記者の主観で書かれた可能性が否定できない。これほどの事件を起こしたのは朝鮮人に違いないという主観だ。

ここで思い出すのは、原敬暗殺から二年後の二三年九月一日に起こった関東大震災である。よく知られているように、震災の直後から朝鮮人が暴動を起こしたというデマが広まり、彼らが多く殺害された。

根拠なき主観をあたかも事実のように信じ込んでしまう傾向は、すでに原が暗殺された時点での新聞報道にははっきりと表れていたのだ。これもまた忘れてはならない歴史の一断面だろう。

片仮名の駅と平仮名の駅

一九〇七（明治四〇）年一月に学習院長になった乃木希典は、初等学科の教科書につき、「平假名《ひらがな》は女らしくていかん。歌などはともかく、男の書くには片假名の方が男らしくてよいと思ふが、此《こ》の頃《ごろ》の教科書は平假名が多いやうだ」（『乃木院長記念録』）と評している。

明治時代に発布された大日本帝国憲法も教育勅語も、漢字片仮名交じり文だった。乃木に言わせれば、平仮名は女が、片仮名は男が使うべき文字であり、学習院は「男らしさ」を育む学校でなければならなかった。

平仮名より片仮名を尊ぶ価値観は、鉄道にもあった。明治から敗戦まで、国有鉄道の駅名は主に漢字で表記され、それ以外は「御茶ノ水」「三ノ宮」のように片仮名を用いた。私鉄でも、西鉄天神大牟田線や甘木線の宮の陣が「宮ノ陣」、東急東横線や大井町線の自由が丘が「自由ケ丘」と表記されるなど、駅名に平仮名を使わない傾向が目立った。

だが戦後になると、公文書は平仮名を用いるようになった。日本国憲法も漢字平仮名交

1951年10月に改称された東武東上線の「ときわ台駅」

じり文になり、小学校でもまず平仮名を教えるようになった。敗戦に伴う男性的価値観の崩壊が、平仮名の使用頻度を高めたのだ。

こうした変化は駅名にも波及し、五一年一〇月に東武東上線の武蔵常盤《ときわ》が「ときわ台」に改称された。東武鉄道が三六年から駅前で分譲を始めた常盤台住宅地にちなむ改称だった。地名として定着していた「常盤」を「ときわ」に変えたのは、平仮名こそ新しい時代にふさわしいという判断があったからではないか。

関東では、五五年に新京成線の「みのり台」と「くぬぎ山」が開業したほか、五七年に京王線の金子が「つつじケ丘」に改称されるなど、私鉄に平仮名を用いた駅名が増えていった。「みのり台」や「くぬぎ山」は稔台や椚山という地名が読みにくいから平仮名にしたのだろうが、多くは「ときわ台」同様、私鉄会社や日本住宅公団が開発した住宅地にちなんでいた。

一方関西では、五七年一月に南海本線の南淡輪《たんのわ》が「みさき公園」に改称された。南海が駅前にレジャー施設を開業させたためだった。「岬」でなく「みさき」にしたのは、近鉄の「あやめ池遊園地」や京阪の「ひらかたパーク」のように、関西では同様の施設に平仮名を用いる傾向があったからではないか。

だが関西私鉄では、片仮名の付いた駅名はあっても、平仮名の付いた駅名は関東私鉄ほど増えなかった。国鉄は関東、関西を問わず、戦前の駅名を引き継ぎ、平仮名をほぼ用いなかった。平仮名を用いた駅名が全国的に増えるのは、国鉄がＪＲになり、ＪＲの私鉄化が進んだ平成期になってからだ。

列車内で靴を脱ぐ日本人

いまや首都圏ばかりか地方でも、ボックス席の車両は少なくなってしまった。空いていれば靴を脱ぎ、前方の座席に足をまっすぐ伸ばせたのは、まさにボックス席ならではの特権だった。

なぜ靴を脱ぐとくつろいだ気分になれるのか。それは日本の家が玄関で靴を脱いで上がる構造になっているからだろう。明治以降に近代化が進んでも、この構造自体は変わらなかった。

明治初期の列車では、ホームで靴を脱いで乗ってしまったため、目的地に着いたときには靴が見当たらなかったという逸話がある。「訪問先の住宅であろうと公共施設であろうと、当時の日本人の生活様式では、そのような建物に立ち入るときには、必ず履物を脱ぐ仕組みになっていた。だから、このような行為を『上がる』という。とすると、当時の人びとにとって客車に乗ることは『上がる』ことだったのだと、理解することができる」

上野発の夜行列車の車内。師走で混み合っている＝1954年12月

（原田勝正『明治鉄道物語』）

この「上がる」という感覚は、土足のまま乗る習慣が定着してからも根強く残ったようだ。昭和初期に東京に滞在したキャサリン・サンソムはこう述べている。「暑くてもきちんと上着を着ていた男性が、汽車の中ではシャツ一枚になってしまうことがよくあります。人目もはばからずに暑苦しい上着を脱いで風呂敷に包んでしまい、旅の間は下着だけで思う存分手足を伸ばし、扇子をあおいで気持《きもち》良さそうにしていま す」（『東京に暮す』）

ドイツに留学した和辻哲郎によれば、欧州と違って玄関で靴を脱ぐ日本の家では「おのれと他との間に『へだて』がない」のに対して、家の外はすべて「他人のもの」であり、関心の対象にもならない(『風土』)。和辻が例としてあげた町の公園同様、車内もまた本来、見知らぬ人々が居合わせる空間のはずなのに、日本ではしばしば家の延長のような空間になったということになろうか。

だが地域差もあるだろう。一九五一(昭和二六)年九月に上野から秋田に向かった坂口安吾は、東京発の列車と上野発の列車の違いに気づいた。「秋田行の箱に乗ると、すでに車内の言葉が一変しているのである。ここは一体どこか? すでに東京でないことだけはたしかである」(『安吾新日本地理』)

東京発の列車では、車内から「フルサト」(同)が消えてよそ者どうしの空間になる一方、上野発の列車は戦後もなおそうではなかった。車内に入るや乗客は靴を脱いで足を伸ばし、対面する客どうしが方言で話し合う光景が見られたからだ。こうした地域差は、在来線の特急や新幹線が増えるにつれ、目立たなくなっていった。

路面電車から地下鉄へ

一九六二（昭和三七）年生まれの私は、都内で育ちながら路面に線路が敷かれた都電に乗ったことがほとんどない。郊外に住んでいたせいもあったが、七二年までに荒川線を除いて全廃されたからだ。

私よりも上の世代であれば、都電はなじみ深い交通手段だったに違いない。地上を走るから、どこに何があるかが手にとるようにわかった。戦時中には、馬場先門《ばばさきもん》の電停にさしかかると車内で宮城遥拝《きゅうじょうようはい》をさせられた。二重橋や皇居の森は、都電の窓からもよく見えたのだ。東京が「帝都」であることは、戦後もなお自明と言ってよかった。

反対に私よりも下の世代であれば、都電の代わりに地下鉄での移動が日常化する。景色が見えなくなるから、どこを走っているのかわからなくなる。二重橋前という駅を通りながら、「二重橋」が何を指すのか知らなくてもおかしくはないわけだ。

地下鉄が交通手段の主役となったことで、都心の空間認識は大きく変わった。いまや東

原爆ドームのすぐそばを走る広島電鉄の路面電車＝広島市中区

京にいるからと言って、桜田門や国会議事堂を見たことがあるとは限らない。それらはすべて駅名という記号になり、空間としての意味を失ってしまったのだ。

こうした変化は、大阪や名古屋のように市電が全廃された都市でも起こっただろう。一方、路面電車が生き残った都市はそうではない。例えば広島では、いまでも原爆ドームのすぐ脇を広島電鉄、略して「広電《ひろでん》」と呼ばれる路面電車が走っている。毎年八月六日の午前8時15分になれば、車内でも黙禱《もくとう》する光景が見られる。車窓から見える風景は、どこに広島のシンボルがあるかを誰の目にも明らかにする。

ただ広島のように、地盤が軟弱なため基本的に地下鉄がない大都市は、世界的に見ても例外に属する。ロンドンに初めて地下鉄が建設された一九世紀以来、地下鉄は世界各地の大都市に普及してきたといえるからだ。とりわけ社会主義的な独裁国家の場合、権力を誇示する空間や建物が見えなくなることは重大な問題になるはずだった。

モスクワではソ連の時代に地下鉄の建設が進むとともに、中心駅にクレムリンを背景としてレーニンが演説する天井画や、赤の広場でナチス・ドイツの旗が蹂躙《じゅうりん》されるモザイク画などが飾られた。たとえクレムリンや赤の広場自体が見えなくなっても、社会主義の理想や戦争の勝利を表現するもう一つの空間が地下に現れたのだ。

二〇〇九年八月、初めてモスクワを訪れ、地下鉄に乗った。共産党の一党独裁体制はとっくに崩壊したのに、駅の絵画はそのままだった。地下鉄という交通手段が、ソ連という国家の遺産を保存する博物館になっているように見えた。

軍人像から裸婦像への変化

小中学生時代に七年間住んでいた東京都東久留米市の滝山団地からは、中央線の武蔵小金井駅、西武新宿線の花小金井駅、西武池袋線の東久留米駅の三駅に向かう西武バスが出ていた。

このうち花小金井駅と東久留米駅は駅前が狭く、駅から少し離れた場所にバス停やロータリーがあったのに対し、武蔵小金井駅北口には西武のほか京王、関東、小田急の各バスが乗り入れる広いロータリーがあった。

だが武蔵小金井のロータリーで目を引いたのは、バスより「世界連邦平和宣言都市」と台座に刻まれた裸婦像のほうだった。ロータリーの中央にある像は駅舎に向かって立ち、像を取り囲むようにバスの乗降場があった。

なぜこんな像が駅前に立っているのかは、もちろんわからなかった。像は中央線の高架化工事に際して撤去されたものの、工事が終わると再び設置され、いまなおお同じロータリ

JR武蔵小金井駅北口に立つ裸婦像＝2021年12月、著者撮影

ーに立っている。

中央線の沿線には、武蔵野市に属する三鷹駅北口にも、裸身の女神が馬にまたがった「世界連邦平和像」という名の像がある。裸の女性といい、「世界連邦平和」という文字といい、武蔵小金井駅北口の像に似ている。

世界連邦というのは、第二次大戦後に世界のすべての国家を統合し、単一の組織にすることを目指した運動を意味する。小金井市も武蔵野市も一九六〇年に「世界連邦宣言自治体全国協議会」に加わり、世界連邦都市を宣言した。二つの駅の北口に見られる像は、この宣言に関連して建てられたものだったのだ。

戦前の駅前などには、軍神とたたえられ

た軍人像があった。中央線で言えば、明治末期にターミナルとして開設された万世橋の駅前にあった海軍中佐・広瀬武夫の像が知られている。だが戦時中に駅は営業休止となり、像も敗戦直後に撤去された。代わって中央線沿線の駅前には「平和」を象徴する裸婦像や女神像が建てられていった。

こうした変化が最も鮮やかに現れた場所が、千代田区の三宅坂小公園だった。戦時中まで元帥・寺内正毅《まさたけ》の像があった台座に、戦後になると三人の裸婦像が建てられたからだ。裸の女性は「平和」と「新しい日本」のシンボルとされた（小田原のどか『近代を彫刻／超克する』）。

確かに軍国主義が否定されて平和主義に転換したように見えなくもないが、裸婦像と「平和」がどう結びつくのかは判然としない。「男性英雄を言祝《ことほ》ぐことも女性ヌードを言祝ぐことも、男性中心主義的思考であり、連続性があることを見逃すべきではない」（千葉慶「帝都の銅像―理念と現実」）。しかしいまや、中央線だけでなく全国の駅前に裸婦像があふれるに至っている。

列車に乗らないマッカーサー

一九四五（昭和二〇）年八月三〇日に連合国軍最高司令官として神奈川県の厚木海軍飛行場に降り立ったダグラス・マッカーサーは、五一年四月一六日に羽田から帰国の途につくまで、日本の鉄道を利用したことが一度もなかった。それどころか日本に滞在中は、朝鮮戦争の戦場を視察したのを除き、ほぼ東京の米国大使館とGHQ本部との間を車で往復しただけだった。天皇と会う場合にも皇居を訪れることはなく、逆に大使館に天皇を訪れさせた。

鎌倉の鶴岡八幡宮が編集した年表によれば、マッカーサーは戦艦ミズーリで降伏文書が調印された四五年九月二日に幕僚一二人と、九月二九日に夫人と同宮を参拝している。だが、横須賀線に乗ったという記録は残っていない。

もしマッカーサーが鉄道を利用したいと言ったら、それにふさわしい車両があてられただろう。その場合、二二（大正一一）年の英国皇太子訪日に合わせて製造され、GHQに

車で羽田空港へ向かうマッカーサーを沿道から二十数万人が見送った＝1951年４月16日、東京都港区

接収された10号御料車が使われたはずだ。しかし実際にはこの車両が「オクタゴニアン号」と呼ばれる第八軍司令官専用列車となり、アイケルバーガー司令官夫妻やマッカーサー夫人が軽井沢や日光に行く際に用いられた。

なぜマッカーサーは鉄道を使わなかったのか。禁欲的に自らの職務に励んだからだともいえるし、鉄道での移動で想定される不測の事態を恐れたからだともいえる。彼にとってはGHQ本部の執務室こそ、占領した国家の中心でなければならなかった。「天下の中心、将軍が自ら旅して赴かねばならない相手はこの世にはなかった」（渡辺浩『東アジアの王権と思想』）という言葉は、そのままマッカーサーにも当てはまった。

幕末に初代駐日領事となるハリスの通訳兼

書記として訪日したヒュースケンは、下田から品川まで陸路で向かう途上、「庶民たちは、男も女も子供もみなひざまずき、私たちが通り過ぎるまで、深い敬意をあらわす姿勢をとりつづけ」る光景を目のあたりにして、「全国民に命じて二人の外国人に敬礼させるとは、たいへんな権力をこの国の政府は揮《ふる》っているのに違いない」と錯覚した（『ヒュースケン日本日記』）。

マッカーサーが列車に乗っていたら、同様の錯覚を抱いただろう。彼が乗った列車の沿線には人々が集まり、その熱狂ぶりは時を同じくして全国各地を走っていた昭和天皇の御召列車の存在すらかき消してしまったはずだ。

帰国に際してマッカーサーの乗った車が羽田に向かったとき、「別れを惜しむ二十数万の都民は沿道にギッシリつめかけて思い〳〵に星條旗、日の丸を持ち、手を振って見送った」（『朝日新聞』五一年四月一七日）。マッカーサーがタラップを上がったときには、「マッカーサー元帥万歳！」の叫び声が上がったという（御厨貴、中村隆英編『聞き書　宮澤喜一回顧録』）。

地下鉄が防空壕になる日

二〇二二年二月二四日、ロシア軍がウクライナに侵攻した。これほど赤裸々な欧州での軍事侵攻は一九三九（昭和一四）年九月一日、ドイツ軍がポーランドに侵攻し、第二次世界大戦が勃発して以来と言われた。

ウクライナには、首都のキーウと第2の都市ハルキウに旧ソ連時代に開業した地下鉄が走っている。キーウの地下鉄はモスクワ、レニングラード（現・サンクトペテルブルク）に次いで古い。私はモスクワの地下鉄にしか乗ったことがないが、エスカレーターで深く下りないとホームにたどり着けなかった。

軍事侵攻を伝えるテレビのニュースで大きく映し出されたのは、空襲を避けるために地下鉄の駅に集まってきた多くの市民だった。ふだんは市内の移動手段として用いられていた地下鉄が、にわかに防空壕《ごう》と化したのだ。

実はこの光景もまた、第二次世界大戦の記憶を呼び覚ました。四〇年七月から四一年五

ロシアによるウクライナ侵攻前の首都キーウの地下鉄。侵攻が始まると、市民らが避難してきた＝2022年１月31日

月にかけてドイツ軍が英国各地を空襲したとき、ロンドンでは地下鉄の駅がいくつも防空壕となり、多くの市民が避難したからだ。

当時のロンドンでは、地下にもう一つの社会ができていた。地下鉄の車両が食堂車になり、簡易トイレや二段ベッドが整備され、映画会やコンサートまで開催された。英国がドイツに勝利した一因として地下の有効活用を挙げることもできなくはない。

一方、戦中期の日本に同様の発想はなかった。四一年一一月に開かれた貴族院防空法改正案特別委員会で、子爵の河瀬眞が「空襲をうけたとき地下鉄などが混雑することは當然《とうぜん》であるが、避難誘導方法についてどう考へるか」と質問したのに対し、内務省防空局長の藤岡長敏は「空襲下においては交通も混雑するから地下鉄はこれに當《あ》て一般避難者が避難にこれを用ひるやうにはしないつもりである」と答えている（『朝日新聞』大阪本社版、四一年一一月一八日朝刊）。

当時の日本には、東京と大阪に現在の東京メトロ銀座線と大阪メトロ御堂筋線が走っていた。四五年になるとどちらの都市でも空襲が激しくなったが、東京では政府の方針に従ったため、市民を避難させる手段として地下鉄が活用されることはなかった。

ところが大阪は違った。当時一二歳で、三月一三日夜から一四日未明の空襲を体験した村松繁は、市民を救援する地下鉄が走ったことを覚えていた。「地下鉄は停電していなかった。炎の中を命からがら逃げてきた私にとって、そこは別世界だった」（『朝日新聞』大阪版、九七年八月一三日朝刊）

政府に唯々諾々と従う東京と、面従腹背の態度をとる大阪。関東私鉄と関西私鉄の違いにつながる双方の違いが、ここにも反映しているのではないか。

三等寝台がない特急へいわ

一九四九（昭和二四）年九月一五日、発足して間もない日本国有鉄道が初めてダイヤを改定した。戦中期の四四年三月を最後に全廃された特急列車が東海道本線に復活し、「へいわ」と名付けられた。下りが東京9時ちょうど発、大阪18時ちょうど着。上りが大阪12時ちょうど発、東京21時ちょうど着。所要時間は戦前の特急より一時間長かった。

「へいわ」は最後部にデッキが付いた一等展望車、二等車、三等車、食堂車、荷物車から成り、長距離の移動の際に一般客が重宝していた三等寝台車は併結されていなかった。愛称が示すように、この特急は新生日本を象徴する列車として華々しくデビューするはずだった。

だが「へいわ」の評判は決してよくなかった。主な理由は、一等展望車と三等車の格差が甚だしいことにあった。「朝日新聞」四九年九月一〇日の「天声人語」を引用しよう。

「片方ではイワシのカン詰めのように乗客が立ちん坊になつている。座席は板張り、窓には囚人車のように板がうちつけてある。まず三等車を人並にすることが先決である。三等車が整備したら二等車を充実する。それができたら一等国なみの展望車をつけることに何の文句もない。その順序をふんでもらいたいのだ」

同様の感想を、上りの「へいわ」に乗った実業家の小林一三もまた抱いた。同年一二月九日の日記に、「十二時平和号にて東上、立派な車だ。敗戦国としては、又国民生活の上からも立派すぎるやうに思ふ。私が当局者ならば先づ第一に三等寝台車を再開するだらう」と記した。

「へいわ」はデビューしてわずか三カ月半後の五〇年一月に「つばめ」と改称された。しかし愛称

特急「へいわ」の最後部につく展望車。桃山式と呼ばれた豪華な装飾が施されている＝1949年

が変わっただけでダイヤや編成は変わらなかった。同年五月六日に上り「つばめ」の一等展望車、一四日に下り「つばめ」の二等車に乗った小林一三は、よほど腹に据えかねたのか、一四日の日記に再びこう記した。

「戦前よりも立派に、奇麗に出来た汽車に乗つて難有《ありがた》いと思ふもの丶、ナゼこんなに贅沢《ぜいたく》な客車を製造したのか其《その》理由が私には判《わか》らない。我国はまだ米国によつて占領管理されてゐる国であり、食糧を弐百万トンも恵まれて居り、まだ独立の出来ない敗戦国であるから、コンナ贅沢なムダ使ひをすることは遠慮すべきは言ふ迄《まで》もない話である」

小林は、「三等車を昔のやうに寝台車にする方がドンナにか国民の信頼を得る」のにそれをしない「非常識な連中」を激しく批判している。ここには、長年阪急の経営者として「此会社を思ひ切つて公衆（即《すなわ》ち御乗客）に開放することが一番利益なのではないだらうか」（『阪神急行電鉄二十五年史』）と考えてきた小林の一貫した思考が、実によく表れている。

TX延伸への期待

一九三二（昭和七）年に起こった五・一五事件は、犬養毅首相を暗殺して政党政治を終わらせたテロとしてのイメージが強い。しかしこの事件では、東京府内にあった六つの変電所を同時に襲撃し、帝都を暗黒にする計画も立てられていた。

この計画は、茨城県の水戸郊外で農本主義者の橘孝三郎が主宰する愛郷塾という私塾で発案された。当日は「農民決死隊」を名乗る塾生が変電所を襲ったが、変電所内の設備の一部を破壊しただけで停電はなかった。

なぜ電気が狙われたのか。当時の鉄道事情を探ってみると、興味深い事実が浮かび上がる。東京から北関東方面には、常磐線、東北本線、高崎線が延びていたが、いずれも非電化路線だった。一方、東京と栃木県や群馬県を結ぶ東武鉄道はすでに電化されていた。だが茨城県には、県内を結ぶ中小私鉄はあっても、東武に相当する私鉄がなかった。このため電化の恩恵が東京から及ばなかったのだ。

延伸が取りざたされている「つくばエクスプレス」

橘は、「只今《ただいま》の世の中は俗に申せば何でも東京の世の中です。（中略）兎《と》に角東京のあの異状な膨大につれて、それだけ程度農村の方はた〻きつぶされて行くといふ事実はどうあつても否定出来ん事実です」（『日本愛国革新本義』）と述べている。電化の恩恵が及ばない茨城県に住んでいたからこそ、逆に東京の「異状な膨大」に敏感にならざるを得なかったということはないだろうか。

戦後も茨城県は、栃木県や群馬県に比べて鉄道が不便な状況が続いた。上野から土浦や水戸などまで常磐線が電化されたのは、六一年になってからだった。栃木県や群馬県には新幹線の駅ができたのに対して、茨城県にはない。宇都宮や高崎からは池袋、新宿、渋谷、横浜に一本で行けるＪＲ湘南新宿ラインが出ているが、水戸や土浦からは出ていない。せいぜい、常磐線の起点が上野から東京、新橋を経由する品川に移ったくらいだ。

そう考えると、茨城県が二〇二二年度の予算に一八〇〇万円を計上し、秋葉原―つくば間を最速四五分で結ぶつくばエクスプレス（ＴＸ）の延伸をもくろんでいるのもよくわかる。延伸のルートをめぐって土浦や水戸などの自治体が名乗りをあげたが、新幹線でもリニアでもない鉄道の誘致にこれほど熱心になること自体がいままでは珍しい。

江戸時代の水戸藩は、尾張や紀州と並ぶ御三家の一つだった。だが明治以降、茨城県は「官」と「民」が織りなす首都圏の鉄道網からしだいに取り残され、東北・上越新幹線や湘南新宿ラインの開通がそれに拍車をかけた。ＴＸが延伸すれば、東京に直結するもう一つの線がようやく茨城県内を走る常磐線の駅とつながり、たがいに競い合うことになるだろう。

「参謀」は鉄路で逃亡せり

一九四八（昭和二三）年一一月一二日、東京裁判の被告だった東條英機元首相ら七人に絞首刑の判決が下された。

その直後と思われる日、上野11時55分発の水上・長野ゆき普通列車に、赤羽から一人の男が乗った。男の名は辻政信。三九年のノモンハン事件、四一年のマレー作戦、四二～四三年のガダルカナル島の戦いなどを参謀として指導し、「絶対悪」（半藤一利）と指弾された陸軍の大物だ。

辻は終戦をタイのバンコクで迎えたが、戦犯指名を免れるため逃亡する。ベトナムのハノイを経て中国に渡り、海路で佐世保に上陸したのが四八年五月二六日。上陸地に近い大村線の南風崎《はえのさき》駅から引き揚げ専用列車で大阪へ、次いで東京へ向かったが、東京にとどまるのは危険と判断して奈良県吉野町、兵庫県港村（現・豊岡市）、静岡県伊豆の天城山麓《さんろく》を転々とした。

辻政信（中央）は潜伏の後、国会議員に転身。視察途中のラオスで消息を絶った

辻の逃亡を助けた一人に元衆院議員の木村武雄がいた。辻が赤羽から普通列車に乗ったのは、天城山麓を離れ、木村が所有する長野県軽井沢町の別荘に移るためだった。

車内は混んでいたが、辻は東京裁判の判決について語る客たちの会話に耳を傾けた。「放っといても五年とは生きられん人たちを、お気の毒にねえ……」と話す高齢女性に「そうだ、そうだとも」と農民の男性が応じる。上方商人らしき男性も「一人、二人の捕虜を殺したというて……広島や長崎の何十万人殺しは一体どないするのや……」と加勢する。

辻は自らの責任を不問に付したまま、

庶民の会話のなかに「滅びないもの」を見いだして安堵《あんど》している。

列車は18時過ぎに信越本線（現・しなの鉄道）の沓掛《くつかけ》（現・中軽井沢）に着いた。木村の別荘は、星野温泉の近くにあった。温泉に浸《つ》かっていた四九年二月一〇日、ビルマ（現・ミャンマー）戦線で見たような男から「辻参謀殿じゃないですか」と声をかけられた。危機を察した辻はすぐ荷物をまとめ、翌朝、沓掛8時35分発の上野ゆき普通列車に乗った。

熊谷で数人の警官が乗ってきて、片っ端から荷物の検査を始めた。闇物資を取り締まるためだった。乾麺が入った竹かごを網棚に載せていた隣席の女性から「助けてください」と懇願された辻は、警官に「それは僕のです」と言い、「大部分は闇で買ってきました」と開き直った。結局没収は免れたが、辻は「その日の生活に困る人たちだけが槍玉《やりだま》にあげられている」と憤りをあらわにした。

以上、辻が著した『潜行三千里』国内篇《へん》をもとに、当時のダイヤから列車を推定してみた。辻は細心の注意を払いつつ列車で国内を移動する傍ら、正体がばれる危険を顧みず庶民を助ける一面もあったようだ。そして五〇年にGHQによる戦犯指定が解除されるや否や、公然と活動を再開するのである。

石橋湛山と身延山

一九四五（昭和二〇）年九月二二日、新宿8時ちょうど発の中央線下り電車に石橋湛山が乗った。終点の浅川（現・高尾）で9時17分発甲府ゆきの列車に乗り換え、さらに甲府で身延線に乗り換えて山梨県の身延に向かおうとしていた（『石橋湛山日記』上）。

戦前は『東洋経済新報』の記者として小日本主義を唱え、後に首相となる石橋は、日蓮宗の総本山である身延山久遠寺第八一世法主・杉田湛誓《たんせい》の長男で、自らも日蓮宗の僧侶だった。山梨県で生まれ育った石橋にとって、身延山は特別な山だったのだ。

浅川発の列車は混んでいて大月まで座れなかった。三等の客が二等車に紛れ込んでいたが、検札はなかった。勝沼（現・勝沼ぶどう郷）で大勢降りたのは、ブドウの買い出し部隊がいたからだった。甲府では第八三世法主・望月日謙《にっけん》の娘が待っていた。

甲府12時27分発富士ゆきの電車は空いていた。身延で降りてバスに乗り換え、久遠寺の門前にある旅館「山田屋」に着いた。二二日はここで泊まり、二三日に登山を済ませると

山梨県の身延山久遠寺を訪問した石橋湛山首相(中)。最高僧位大僧正につぐ権大僧正の位を贈られた

もう一泊した。

旅館で石橋は、『東洋経済新報』の社論の原稿を書いていた。その社論は一〇月一三日号の同誌に、「靖国神社廃止の議　難きを忍んで敢《あ》えて提言す」と題して掲載されることになる。

「我々はここで全く心を新にし、真に無武装の平和日本を実現するとともに、ひいてはその功徳を世界に及ぼすの大悲願を立てるを要する。それにはこの際国民に永く怨《うら》みを残すが如《ごと》き記念物は仮令《たとい》いかに大切のものといえども、これを一掃し去ることが必要であろう」

敗戦から間もないこの時期に、石橋は靖国神社を「国民に永く怨みを残すが如き記念物」と断罪したのだ。「功徳」や「悲願」といった仏教用語に、身延山という土地の磁力がうかがえる。

一方、伊勢神宮に対しては一見戦前と変わらぬ丁重な態度をとった。五六年一二月に五五代首相になると、五七年の初詣として一月五日に外宮と内宮に参拝したからだ。

だが戦時中の四四年一月に参拝したときには、「日本が一日も早く戦争に負けるように祈った」という（『朝日新聞』三重版、二〇一二年八月二一日）。昭和天皇が戦勝祈願のため一九四二年一二月一二日に参拝したのとは正反対の態度をとったわけだ。

初詣を済ませた石橋首相は、宇治山田から近鉄に、名古屋から東海道本線の特急に乗り、静岡で一泊。翌朝静岡を出て身延山久遠寺に参拝した。このとき日蓮宗権大僧正《ごんだいそうじょう》に叙せられ、法主から法衣を贈られた（『石橋湛山日記』下）。まるで前日に伊勢神宮に参拝したことを打ち消すかのようだった。

日本共産党と五色温泉

ＪＲ奥羽本線の板谷駅（山形県米沢市）は、その名の通り、同線最大の難所、板谷峠の近くにある。このため、一九九〇（平成二）年までは勾配のきつい本線から水平の線路が分岐するスイッチバックが残っていた。

二六（大正一五）年一二月三日、上野を午後9時30分に出る奥羽本線回り青森ゆきの急行列車に、三田村四郎が乗っていた。福島着は翌四日の午前3時38分。ここから福本和夫や渡辺政之輔らが乗ってきた。板谷に5時ごろに着くと、居眠りをしていた三田村は渡辺に起こされた。

板谷駅で降りたのは、総勢一五人ほどだった。まだ夜が明けていないうえ、猛烈な吹雪が舞っていたという。駅からの一本道を歩くこと約二時間。彼らはようやく五色温泉にある一軒宿「宗川《そうかわ》旅館」にたどり着いた。

五色温泉は子宝の湯として知られ、民営初のスキー場もあったが、スキー客はまだいな

山あいに立つ五色温泉の宗川旅館。すでに廃業している＝2006年、山形県米沢市板谷

かった。それでも旅館には先発隊に当たる二人の客がいた。二人は女中に、これからやって来るのは会社の同僚だと告げ、毎年恒例の忘年会を開くつもりなので、静かな部屋に通すよう頼んだ。彼らは旅館で合流すると、二階の離れの部屋に集まった。

忘年会というのはうそだった。彼らは非合法で活動していた日本共産党の党員であり、同党の第三回大会が極秘裏に宗川旅館で開かれたのだ。当時の共産党は解散状態にあったが、この大会で「創立大会宣言」が読み上げられ、綱領や規約が決定され、役員が選任された。

以上の記述は松本清張『昭和史発掘』2によった。清張は、「午前中は入浴やら昼寝で疲れを休めた。午後になると、これからしばらく相談があるので誰もこないでくれ、用事があれば呼ぶから、と言って女中たちを遠ざけた」と述べている。

一方、歴史学者の犬丸義一は、「（大会は）午前10時から午後《ごご》4時迄《まで》に開かれた」（「日本共産党第三回大会決定の宣言、規約」解題）と述べている。こちらの方が正しければ、彼らは少し休んだだけで会議を始め、六時間も続けたことになる。

五色温泉で長時間の会議を開けたのは、二二（大正一一）年から上野—青森間を奥羽本線回りで結ぶ急行が走り始めたからだ。板谷は本来、急行が止まるような主要駅ではなかった。当時の機関車は急勾配を一気にのぼれるほどの技術をまだ持ち合わせておらず、急行でもスイッチバックの駅にいちいち止まる必要があったのだ。

いまではスイッチバックがなくなり、宗川旅館も廃業したため、五色温泉自体が事実上消滅した。板谷駅に止まる奥羽本線の列車は、上下各六本しかない。

東條英機が訪れた四万温泉

群馬県の四万《しま》温泉にある旅館「積善館」は元禄七(一六九四)年の創業とされ、木造湯宿建築の本館は県重要文化財に指定されている。一九三〇(昭和五)年に建てられた大正ロマネスク様式の大浴場「元禄の湯」には、五つの石造りの浴槽が整然と並ぶ。

多くの文人墨客が訪れたこの旅館には、政治家も足を運んだ。ホームページには後藤新平、片山哲、岸信介、中曽根康弘の名が挙がっているが、実はもう一人いた。戦中期の四一年から四四年にかけて首相を務め、A級戦犯として処刑された東條英機だ。

時は四二年八月。六月のミッドウェー海戦で大敗し、ガダルカナル島の戦いが始まろうとするころだった。当時の国内では、ガソリンの代用となる木炭の生産が重視されていた。東條はその現場を視察するため、四日から山梨県に向かおうとしたが、前日の夕方になって豪雨のため道路が不通になったと山梨県知事から連絡があった(『東條内閣総理大臣機密記録』)。

四万温泉の温泉旅館「積善館」。本館は群馬県の重要文化財に指定されている

山梨県の代わりに浮上したのが、同じく木炭の生産地で四万温泉のある群馬県沢田村（現・中之条町）だった。東條ら一行は、四日の午後零時55分に上野を出る柏崎ゆきの普通列車に乗った。出発が午後になったのは、予定が急に変わったことで、関係部署に周知徹底する時間を要したからだろう。

東條は午後3時31分着の高崎で降り、群馬県知事とともにオープンカーに乗った。突然の首相のお出ましに、沿道では人々が集まり万歳を叫んだ。沢田村に入ると東條は車から降り、製炭現場を視察した。視察を終えて再び車に乗り、積善館に着いたときには、もう午後七時半を回っていた（同）。

積善館の一七代当主関善平によれば、当

日は満室だったが客に事情を話し、「山荘月の間」という部屋を空けてもらった（『思い出すままの記』）。東條は、午後八時半から一時間ほど夕食をとった。翌朝は四時半に起き、袴《はかま》に無帽という姿で一時間半かけて旅館の周辺を散策している。

ここで気になるのは、東條が「元禄の湯」に入ったかどうかだ。満室であれば、貸し切りにしない限り、一般客と鉢合わせになる確率は高い。時の戦争指導者が、最も無防備な姿を人前にさらすとはちょっと考えにくい。

ただ東條は「人情」家的な振る舞いを得意とする政治家だった（一ノ瀬俊也『東條英機』）。それを思えば、「元禄の湯」に浸《つ》かりつつ客と対話するという光景はさほど突飛《とっぴ》でない。首相在任中に東條が和風の温泉旅館に泊まったのはこれが唯一と見られるが、東條は客との語らいを求めてわざわざ四万温泉まで行ったのではないかという想像すら湧いてくる。

「全学連列車」と呼ばれた急行

一九六八（昭和四三）年一月一五日の午前10時過ぎ、東京駅の14番線に一二両編成の客車急行列車が止まっていた。前の五両が佐世保ゆきの「西海」、後の七両が長崎ゆきの「雲仙」だった。

このうち、自由席二等車に当たる三号車は、ほかの車両とは異なり、座席が学生たちで埋まっていた。

「網だなの上には白いヘルメットやサブザックが置かれ、アノラック姿やビートルズカットの学生たちが（中略）発車を待ち、見送りの仲間から弁当などの差入れを受けていた」（『朝日新聞』六八年一月一五日夕刊）

彼らは「三派全学連」と呼ばれた新左翼のセクトに属する学生たちだった。一九日に米軍の原子力空母エンタープライズが佐世保基地に入港することに反対し、入港すれば佐世保がベトナム戦争の出撃基地になるとして、実力で阻止すべく佐世保に向かおうとしていたのだ。二等車のボックス席は、事前の密談には打ってつけだった。

14番線には報道陣が詰めかけた。学生たちは、ホーム側の窓のブラインドを下ろしたり、車内の通路の扉をしめ切ったりして、取材に応じない姿勢を示した（同）。

列車は10時30分に東京を発車した。名古屋や大阪などでも学生が加わり、翌一六日朝の6時45分に博多に着いた。

国鉄佐世保駅の待合室などを掃除する学生

同駅で降りた彼らは、待ち構えていた機動隊と構内で衝突し、逮捕者を出しながらも、活動の拠点となる九州大学教養部に向かった。
一七日、彼らは再び博多から急行「西海」に乗った。途中停車駅の鳥栖、肥前山口（現・江北）、武雄（現・武雄温泉）では、角材やこん棒が車内に持ち込まれた（同、一月一七日夕刊）。9時47分に佐世保に着くと、彼らは線路に降りて基地に向かおうと引き込み線を進んだ。その途上、佐世保川に架かる平瀬橋で機動隊と衝突し、多くの学生が逮捕された。

逮捕を免れた学生は、九大に戻るため連日列車で博多―佐世保間を往復したが、車内では車掌から「ご苦労さまです」と声をかけられたという（島泰三『安田講堂』）。米軍に対して実力で立ち向かおうとする彼らの姿勢は、狭いセクトの範疇《はんちゅう》を超え、幅広い共感を集めていたのだ。

エンタープライズが佐世保を出港したのは一月二三日だった。同日朝、学生たちは佐世保駅を清掃して駅員を驚かせた（同、一月二三日夕刊）。そして往路同様、急行「西海」に乗って帰京した。「雲仙・西海」が「全学連列車」と呼ばれたゆえんである（全学連・三里塚現闘本部編『闘いは大地とともに　三里塚1967〜1971』）。

しかし六八年一〇月のダイヤ改定で、急行「西海」は大阪発となった。東京と佐世保を結ぶ列車は、学生には高嶺《たかね》の花だった寝台特急「さくら」だけとなった。

第五章

夢の駅弁

あの駅前食堂はどこへ

いまや定食屋のチェーン店も珍しくない時代になった。だがかつてはそこにしかない「○○食堂」という看板を掲げた店が、多くの駅の周辺にあったものだ。

一九九二（平成四）年の四月から半年間だけ、京王線の東府中駅の近くに住んでいたことがある。駅と航空自衛隊府中基地を結ぶ平和通り沿いに、「三宝食堂」という昭和のたたずまいを色濃く残す定食屋があった。

初めて入ったとき、メニューの豊富さに驚いた。数十種類ある惣菜《そうざい》、ご飯、味噌汁《みそしる》などのなかから、自由に選ぶことができた。どれを選んでも安くてうまかった。だんだんと自炊をしなくなり、この店の常連になった。

一度財布を忘れたときには「次に来店されたときでいいですよ」と気安く声をかけてくれた。幸いにも三宝食堂はいまなお変わらず同じ場所にあるが、すっかり有名になり、壁はファンの色紙で埋まっているという。

1973年、国鉄代々木駅のホーム。駅周辺には当時から多くの予備校があった

いったいいつから「○○食堂」に入るようになっただろうか。記憶をたどってゆくと小学四年だった七三（昭和四八）年一月に行き着く。国鉄代々木駅の近くにあった「代々木食堂」がそれだ。

当時の私は、中学受験のための進学塾が開催するテストを受けるため、毎週日曜日に代々木まで通っていた。山手線に乗って代々木駅で降りると、当時としては珍しいテープによる放送がホームに響きわたった。

西口の改札を出るとスクランブル交差点があり、その向こうに言わずと知れた代々木ゼミナールの本部が見えた。交差点の脇にホンを単位とするデジタルの騒音表示器が設置されているのが目を引いた。試験会場だった代々木学院という予備校は、改札を出て右側を道なりに進んだ新宿寄りの地点にあった。

午前中にテストが終わるとちょうど昼時になった。西口まで戻り、山手線のガード下や山手貨物線の踏切を通って日本共産党本部へと至る細い車道沿いにある代々木食堂に入った。白地に黒文字で書かれた看板は、古風で場違いな感じがした。

この食堂は定食屋と言うより中華料理店だった。店内には四人掛けのテーブル席が並び、どの席にも12星座の書かれた金属製のおみくじ器が置かれていた。予備校生らでいつもにぎわっていた。

私が注文するのは五目そばと決まっていた。二〇〇円だったと思う。前年の夏休みに科学技術館の食堂で初めて五目そばを食べてから、ただのラーメンでは満足できなくなった。きっと周囲からは食欲旺盛な子どもと見られていただろう。代々木食堂はいつの間にか消え、いまではその跡地に派手な看板のラーメン店が立っている。

車窓からの風景とサルトル

小学六年だった一九七四（昭和四九）年、私は毎週日曜日に中野にあった中学受験の進学塾に通うため、国電の中央線を利用していた。

上り電車に乗ると、三鷹から高架になって眺めがよくなった。吉祥寺を過ぎて五日市街道と斜めに立体交差したかと思うと、住宅地で埋め尽くされた右側の車窓に、そこだけケヤキの木々が残る一角が見えてきた。木々に囲まれるように白亜の建物が立ち、てっぺんには花椿《はなつばき》のロゴマークが紫地に白く映えていた。たとえ文字がなくても、ロゴマークだけですぐに資生堂の施設だとわかった。

さらに高円寺を過ぎて環状七号線と直角に立体交差するあたりまで来ると、同じく右側の車窓の彼方《かなた》にビルが帯状に立ち並ぶ光景が現れた。青梅街道沿いのビル群に違いなかった。そのなかのひときわ高いビルの側面に、横書きで「ジュジュ」と記された橙《だいだい》色の文字が見えた。ジュジュ化粧品の本社がここにあったのだが、当時の私は母が愛用していた

建設工事中の京葉線。沿線にはいくつもの倉庫が立ち並ぶ＝1981年１月

資生堂こそ知っていても、ジュジュ化粧品までは知らなかった。

　資生堂の施設は木々に囲まれ、看板も斜めにしか見えなかった。一方、「ジュジュ」は線路からより遠くにありながら、中央線の乗客に対して自らの存在を誇示するかのごとく、こちらを向いていた。この意味不明な片仮名を目にするたびに、心のざわつきを覚えたものだ。

　二〇一六年から勤めている放送大学の本部は千葉市美浜区にあり、近年は東京湾沿いを走るＪＲ京葉線に乗ることが多くなった。この線では、海側の車窓に大小さまざまな倉庫が立ち並ぶ光景が断続的に眺められる。無人の埋め立て地に窓がないか、あっても極端に小さい建物が次々に現れ、それらの側面には特徴のある文字で「○○物流」「○○通運」「○○運輸」「○○鋼板」「○○重機」「○○機材」などと記されている。そのすべてが乗客に見えるよう、こちらを向いている。

もちろん「ジュジュ」とは異なり、意味ははっきりしている。しかしそれらもまた本来の意味を失い、不可思議な記号の群れにしか見えなくなるときがある。

サルトルの小説『嘔吐《おうと》』には、主人公が通い慣れた図書館で一人になったとき、アルファベット順に背表紙が棚に並ぶ本の存在そのものが突然危うくなり、「何一つ真実らしいものはない。まるで不意に取り払うことも可能な厚紙の書き割りに囲まれているような感じだ」という不安に襲われ、図書館から逃げ出す場面が描かれている。

京葉線に乗るたびに、『嘔吐』のこの場面が思い出される。中央線で中野に通っていた半世紀近く前の記憶が呼び起こされる。だが資生堂もジュジュ化粧品も、もう車窓からは見えない。

壁のように見えた山並み

一枚の写真が残っている。

雪に覆われた盆地のなかに架線のない単線の線路がまっすぐに延びている。二両編成の列車がポイントで右に折れて分岐線に入り、駅構内に近づこうとしている。

集落は、列車が走ってきた線路の彼方にある。線路の両側に、人家や樹木が横一列に並んでいる。さらにその向こうには、雪の濃淡によって幾重にも見える飯豊《いいで》山地の稜線《りょうせん》が、まるで下界の盆地を睥睨《へいげい》するかのように、くっきりと浮かんでいる。

この写真を撮った日付と場所ははっきりしている。高校二年だった一九八〇（昭和五五）年二月二六日に山形県の今泉駅の跨線橋から撮ったものだ。写っている列車は、今泉に午前8時58分に着く米坂線の上り米沢ゆきの普通列車で間違いない。

二五日には上山《かみのやま》温泉で泊まった。友人のAと一緒だった。Aについては「高校時代の悩みと熱塩への旅」（『歴史のダイヤグラム』所収）で触れたことがある。二六日は奥羽本線の

今泉駅構内に進入する米坂線上り米沢ゆき列車＝1980年２月、著者撮影

上ノ山（現・かみのやま温泉）から長井線（現・山形鉄道フラワー長井線）、米坂線、羽越本線、磐越西線、日中線（現在は廃止）などを乗り継ぎ、福島県の熱塩《あつしお》まで行くことになっていた。

今泉という駅は、長井線と米坂線の乗換駅だった。構内は広く、１・２番線が長井線の、３・４番線が米坂線のホームに相当した。二つのホームをつなぐ立派な跨線橋がかかっていた。

８時55分、長井線の下り荒砥《あらと》ゆきの列車が２番線に着いた。４番線には、これから乗る米坂線の下り坂町ゆきの列車がもう停まっていた。しかし単線のため、３番線に到着する上り列車を待ち合わせていた。跨線橋を渡って乗り換えようとしたとき、上り列車が到着するのが見えた。このときとっさに撮った写真が残っていたのだ。

私たちが乗る列車は、逆にこの線路の彼方に向かおうとしている。「どうやってあの山並みを越えてゆくんだろう」とAが言った。確かに飯豊山地を越えなければ日本海側に出ることはできない。私には山並みが、これからの人生に立ちはだかる壁のように見えたものだった。

作家の宮脇俊三は『時刻表昭和史』のなかで、四五（昭和二〇）年八月一五日に今泉駅で玉音放送を聴いたときの記憶について記している。宮脇もまた今泉で長井線から米坂線に乗り換えたが、そのときに駅前広場で父の長吉と一緒に放送を聴き、まるで何事もなかったかのように入線した下り坂町ゆき列車に乗ったのだ。

宮脇父子が乗った列車はトンネル内で力尽き、蒸気機関車の釜を焚《た》きなおした。だが私たちが乗った列車は難無く勾配を上り、いつの間にか峠を越えた。壁だと思い込んだあの山並みは、蜃気楼《しんきろう》だったのかと思った。

ダイヤを入手、原点の論文に

毎日同じ時間に同じ駅から乗る電車でも、毎日同じ車両から成っているわけではない。点検や清掃などのため、定期的に車両基地に送られるからだ。だがそんなことに関心をもつ客はまずいない。電車がちゃんと動いていれば、どんな車両に乗ろうが大した違いはないのだから。

かく言う私もそう思っていた。だが中学二年だった一九七六（昭和五一）年の夏、大きな発見があった。きっかけとなったのは、通っていた中学校で毎年秋に開かれる行事「労作展」だ。昭和初期から続く伝統行事で、全校生徒が各科目に分かれて何らかの作品を提出することが義務づけられていた。

私は中学一年、二年と社会を選択し、一年で南武線と青梅線、二年で横浜線をテーマに選んだ。一年だった七五年の夏休み、初めて東京駅丸の内口の国鉄本社一階にある「国鉄PRコーナー」を訪れた。一般客向けの広報の窓口になっていたこのコーナーに行けば、

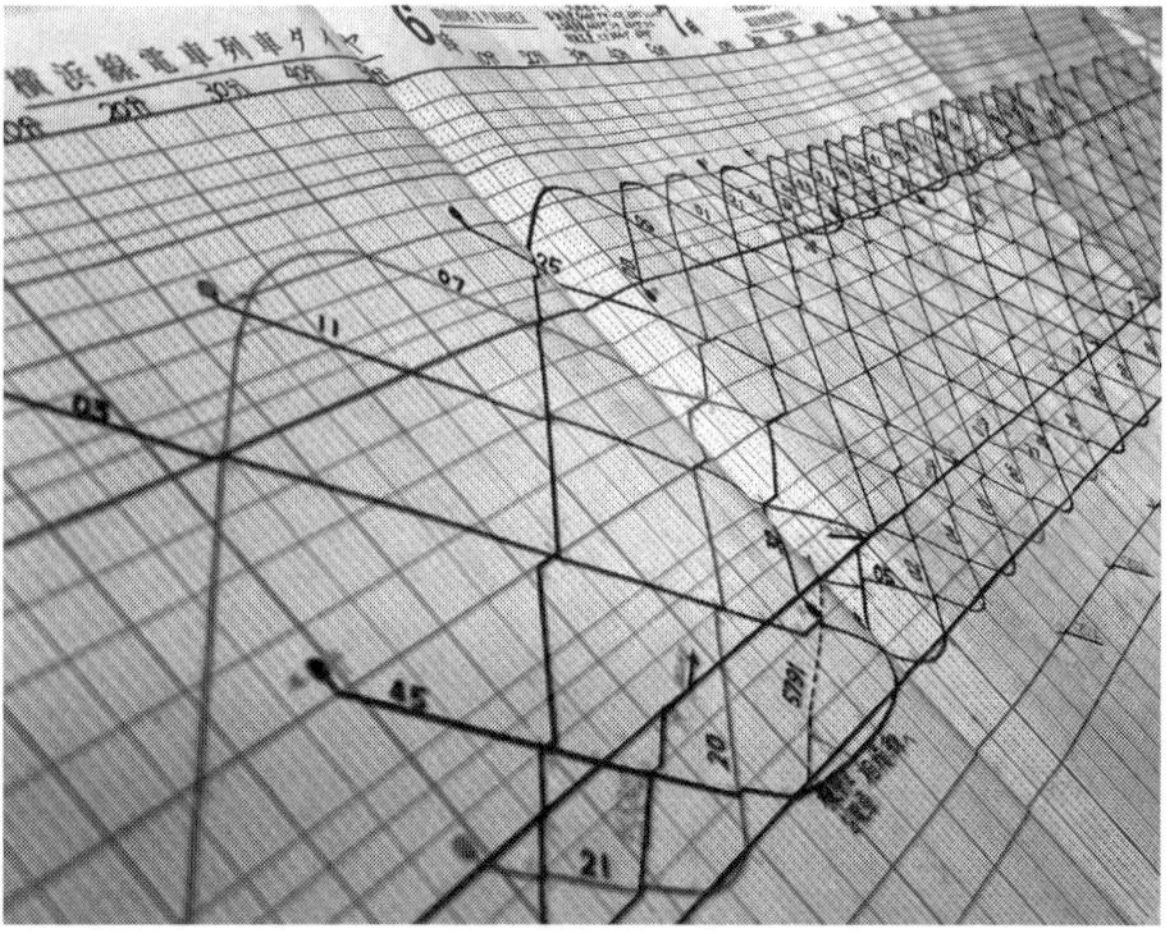

著者が中学2年の時に入手した横浜線のダイヤグラム

すべての質問に答えてくれると思ったのだ。

　だが窓口の担当者からは、満足のゆく回答が得られなかった。そこで意を決して国鉄本社ビルに入り、職員に直接質問しようとした。そのためには、入り口の守衛の目を盗まなければならなかった。進入に成功すると、南武線の主要区間と青梅線を管轄していた東京西鉄道管理局の各課を目指した。多くの職員が怪しむことなく、親切に質問に答えてくれた。

　これに味を占め、中学二年になると国鉄本社ビルに何度か通うようになった。こんどは東京西ばかりか横浜線の一部区間を管轄する東京南鉄道管理局の各課も回った。昼食も忘れて取材に夢中になり、気づいたら午後三時になっていたこともあった。

電車課の職員から「これは部外秘だよ」と言われ、横浜線のダイヤグラムを入手できたときの喜びはひときわ大きかった。横長の紙にスジと呼ばれる斜線が張り巡らされ、横浜線内を往復する各電車の一日の行程が手にとるようにわかったからだ。

起点の東神奈川には、京浜東北線の蒲田と並ぶ車両基地（電車区）があった。ここを訪れたときには、どの車両がいつ本線を外れ、二つの基地のどちらに交代で送られるかがわかる日程表を入手した。ダイヤグラムと照合すれば、どの日に横浜線のどの区間を走る電車がどういう車両で編成されているかを特定できるまでになった。

当時の横浜線では山手線や京浜東北線で使われた中古車両が走っていたため、車両の色も編成もバラバラだった。その運用を内部資料により解明し、秋に「論文」として提出した。現在の学者としての基礎は、このときにできたと考えている。

大阪万博からの帰り道

東京の渋谷で生まれ、旧北多摩郡で育った私が初めて大阪を訪れたのは一九七〇（昭和四五）年八月二〇日。小学二年生の夏休みのときだった。当時、大阪府吹田市の千里丘陵で開催されていた日本万国博覧会を見学するため、日帰りで父と出かけたのだ。

往路は羽田を8時ちょうどに出る日航のDC8に乗った。飛行機に乗ったのもこれが初めてだった。8時45分に大阪（伊丹）空港に着くと、会場まで直行のバスに乗り換えた。東京を出てわずか一時間半で、父と私はもう「太陽の塔」を仰ぐ万博会場の中央口に立っていた。

そこにはまさに未来空間と呼ぶにふさわしい世界が広がっていた。月の石が展示された「アメリカ館」や、万博のシンボルマークをかたどった「日本館」などには長蛇の列ができていた。一方、小さな国々や企業のパビリオンには比較的容易に入れた。

例えば「フジパン・ロボット館」では人間と変わらぬロボットの動作に度肝を抜かれ、

日本万国博覧会会場の「スイス館」。日が暮れると３万個以上の白熱電球が輝いた=1970年

「せんい館」ではどこが繊維と関わるのかわからない前衛的なオブジェに目を見張った。日が暮れると、「スイス館」に設置された三万を超える白熱電球が周囲を鮮やかに照らし出した。

父と私はまる一〇時間も会場内を歩き回ったり、動く歩道で移動したり、会場を循環するモノレールに乗ったりした。そして一九時半を過ぎたころ、万博の開催期間に限って開設された万国博中央口駅から北大阪急行の電車に乗った。復路は往路とは異なり、鉄道を使ったのだ。

万博会場と大阪の中心部を結ぶこの電車には、強い印象を受けた。左右の窓が非対称の前面は斬新で、ステンレスの車体もふだん見慣れた西武や国電とは異なり、未来を先取りしているように思えたからだ。この電車もまたモノレール同様、会場内を走っている乗り物の一つではないかと錯覚したほどだった。

電車は江坂から大阪市営地下鉄（現・大阪メトロ）御堂筋線に乗り入れ、新大阪に着いた。新大阪からは東京ゆきの最終に当たる「ひかり88号」に乗った。スイス館の白熱電球は、新大阪―京都間の車内からも見えた。京都を出るとすぐに眠りに落ち、父に起こされたときにはもう新橋付近を走っていた。

東京には23時40分に着いた。こんな時間に起きていることはふだんなかった。中央線の下り電車に乗ると、酔いつぶれたサラリーマンが車内で吐いていた。これもまた小学二年生が初めて目にする光景に違いなかった。

大阪で見た未来空間のような光景と、東京で見た現実の日本の光景。その落差の大きさゆえに、一九七〇年八月二〇日は私にとって忘れられない一日となった。

18きっぷで普通列車の旅

一九八二（昭和五七）年三月一日、国鉄は「青春18のびのびきっぷ」（現・青春18きっぷ）の発売を始めた。普通や快速や連絡船に乗り放題で、当日限り有効の三枚と二日間有効の一枚がセットで八〇〇〇円。新幹線や在来線の特急、急行に乗らない限り、一日当たり一六〇〇円でどこまでも行けるという画期的な切符だった。

当時、大学一年だった私はこの切符を最大限活用し、九州から北海道まで乗り通そうと考えた。門司から山陽本線と東海道本線を経由して東京へ、そして上野から常磐線と東北本線を経由して青森へ、青森からは青函連絡船で函館へというルートが浮かび上がったが、もちろん一日で行けるはずもなかった。

幸いにも、東海道本線に夜行の普通列車が一本だけ走っていた。大垣20時25分発、東京4時40分着の340M。門司を早朝の普通列車で発てばこの夜行に間に合い、東京から普通列車と連絡船を乗り継げば函館に翌々朝に着く。つまり、まる二日で行けることがわか

「大垣夜行」は座席も通路も若者たちでぎっしり＝1993年3月

ったのだ。

発売から数日後にはもう実行に移していた。当時、最も長い距離を走る普通列車は、門司を5時22分に出て山陰本線を経由する福知山ゆきだった。この列車に一駅だけ乗って下関で乗り換え、あとは広島、岡山、姫路、京都などでも乗り換えて大垣まで行くと３４０Ｍに乗れた。しかしボックス席ではなかなか眠れなかった。

午前0時を回り、焼津から乗ってきた二人の女性が向かい合わせの席に座った。バーかスナックに勤めている女性らしかった。焼津といえば遠洋漁業の基地として知られている。漁に出た客や帰ってきた客の話をしているようだった。もっと聞いていたかったが、二駅先の静岡で二人とも降りてしまった。

　上野5時9分発の平（現・いわき）ゆきに乗ると、平で仙台ゆき、仙台で青森ゆきの普通列車に接続した。盛岡では、前から食べたいと思っていた「ジンギスカン弁当」を買った。しかし肉は冷えきっていて、期待を裏切られた気分になった。

　そのとき検札にやって来た車掌が言った。「実はこの先の一戸《いちのへ》で売っている『とんかつ弁当』が絶品だ。列車が着くころ、できたての弁当が買えるはずだよ」。車掌の話を聞いていた近くの男性が、一戸に着くのを待っていたかのように弁当を買った。箱からは湯気が立ち上っていた。

　この男性も「青春18」を使い、宇都宮から列車を乗り継いできたという。旅の途上、同じ切符をもっている客に何度か遭遇したが、どこから乗ったかと問われて「門司から」と答えると、誰もが絶句した。翌朝4時に函館に着いたときには、さすがに精根尽き果てていた。

たどり着いた神保町は今

いまでこそ本を読むことは私にとって仕事の一部になってしまったが、幼少期から本が好きだったというわけでは決してない。

そもそも小学校時代に住んでいた東京都下の団地には、五年生になるまで書店がなかった。生活圏にあるまともな書店といえば、中央線の武蔵小金井駅北口にあったキリン堂くらいだった。

だからこそ戦前に東京市芝区（現・港区）に住んでいた父が小学四年生の頃から市電に乗り、神保町に本を買いに行ったという話を聞いたときには、心底驚いた。同じ東京でも、カルチャーが全く違うと感じたものだ。

受験して入った中学は東急東横線の沿線にあったので、通学の帰りに渋谷の大盛堂によく立ち寄った。それ以外はせいぜい新宿の紀伊國屋を訪れるくらいで、神保町に行くことはなかった。そもそも神保町がどこにあるのかもわからなかったのだ。

1881（明治14）年に古書店として創業して以来、ずっと神保町にある三省堂書店＝1976年12月、東京都千代田区

高校一年生のとき、ついに神保町に行く機会が訪れた。地学の自由研究で手にした貝塚爽平さんの『日本の地形』が面白く、貝塚さんの本をもっと読みたいと思った。特に気になったのは、『東京の自然史』という本だった。しかしこの本は大盛堂にも紀伊國屋にも見当たらず、貝塚さんが教壇に立つ東京都立大学あてに手紙を書いて読みたい旨を記した上、自宅の電話番号も付記した。投函《とうかん》してしばらくしたころ、電話が鳴った。まさか本人から直々に電話が来るとは思わなかった。

このとき貝塚さんは、神保町の三省堂ならあるだろうと言われた。神保町への行き方を訊《き》くと「御茶ノ水駅から歩けますよ」と言う。教えられた通りに歩いて行くと、まもなく古色蒼然《そうぜん》とした三省堂の建物が現れた。ようやくたどり着いたという感覚だったので、目当ての本を見つけたときには小躍りした。

この感覚が消えたのは一九八九（平成元）年一月、東急田園都市線に乗り入れる地下鉄半蔵門線の半蔵門―三越前間が開業したときだった。これで自宅の最寄り駅から神保町まで一本で行けるようになったからだ。いまでは本を買う場合、渋谷や新宿よりも神保町まで出かけるほうが多くなっている。

二〇二二年三月一日、神保町に鹿島茂さんがプロデュースする全く新たな書店「パサージュ」が開店した。貸し出された書架に売りたい本を並べて売ることのできる共同書店で、私自身も書架の一角をお借りして自宅にあった本を売らせていただいている。

遠かった神保町が近くなったばかりか、本を買う側から売る側へと立場が逆転しようとは――。神保町というのは、こうした逆転を可能にしてくれる日本で唯一の街ではなかろうか。

臨時快速がもたらした恩恵

都市間の移動を早くするために敷設される新幹線は、在来線に比べてトンネルが多くなる。それまで見えていた車窓の風景が見えなくなる。乗客はいつしか新幹線での移動に慣れ、そもそも席に座って車窓など眺めるものではないと刷り込まれる。

三月から四月にかけては、桜前線が北上する。今年の場合、東海道・山陽新幹線の沿線で桜が満開になったのはほぼ三月下旬だったが、東北新幹線の沿線では四月中旬までにそうなったところが多かった。例年ならば、満開の桜に気づくこともなく、高速で走る電車に揺られているうちに東京から仙台まで移動できてしまっただろう。

二〇二二年は違った。三月一六日に発生した福島県沖を震源とする最大震度6強の地震で、東北新幹線の那須塩原—盛岡間が不通になったからだ。不通の区間は順次復旧したが、最も損傷の激しかった福島—仙台間は、四月一四日まで復旧しなかった。

それに比べると、並行在来線である東北本線の復旧は早かった。新幹線が復旧するまで

臨時快速電車の車窓から写した「一目千本桜」＝2022年４月12日、著者撮影

の間、東北本線には臨時の快速電車が走った。通常であれば新幹線にしか乗らない客たちが、図らずも在来線に乗り換えざるを得ない機会が生まれたわけだ。

最後まで臨時快速が運転された東北本線の福島—仙台間は、四月の車窓が素晴らしいことを私は知っていた。藤田—貝田間では、桃源郷のような福島盆地を見下ろせた。また大河原—船岡間では、白石川に沿う「一目《ひとめ》千本桜」と呼ばれる桜並木を眺められた。新幹線の全面復旧に先立ち、この区間を東北本線で往復してみたいと思った。

穏やかな天気に恵まれた四月一二日、福島11時37分発の臨時快速に乗った。

私を含め、新幹線から乗り換えた客が多く乗っていた。藤田を過ぎると急勾配を上り、右手に盆地が広がった。温かな日差しのなか、濃淡のピンクや白の花を咲かせる桃と桜とすももの共演に目を奪われた。

圧巻は、大河原を過ぎて左手の車窓から眺められる一目千本桜だった。

電車が白石川のすぐ近くを走るので、川沿いに咲くソメイヨシノの並木が車窓いっぱいに広がった。まさに満開だった。土手を歩く花見客が、こちらに向かって手を振っている。仙台を目指してひた走っていた電車が急に速度を落とし、しばしの間、車窓を堪能させてくれたのも、粋なはからいだと思った。

しかし私の斜め前に座っていた男性は、電車が福島を発つやブラインドを下ろし、車窓には一顧だにせず、ひたすらスマホの画面に見入っていた。新幹線よりも余計にかかる時間を持てあましているようにしか見えなかった。

いやはや……。

「はつかり」で夢の国へ

二〇二二年八月に六〇歳になった。直近の記憶は忘れても、幼少期の記憶はまだ残っている。それどころか、年月を重ねれば重ねるほど輝きを増す思い出があるということに、この年になって気づいた。

いまから半世紀以上も前の一九七〇（昭和四五）年七月から八月にかけて、母と妹と私の三人で青森県の八戸に住んでいた伯母の家に二週間ほど滞在したときの思い出が、まさにそれだ。伯母は母より二歳年上で、伯父、私より三歳年上のいとこの三人で八戸の郊外に暮らしていた。

我が家には、在来線の特急には乗らないという不文律があった。しかしこのときはそれを破り、上野から青森ゆきの特急「はつかり1号」に乗った。小学二年生の私にとって、「はつかり」は生まれて初めて遠くまで乗る特急にほかならなかった。

東北本線が全線電化した六八年一〇月のダイヤ改定により、「はつかり」はディーゼル

上野駅で「はつかり１号」と記念撮影する著者＝1970年７月、父稔氏撮影

カーから電車に置き換えられた。昼間は通常の特急として、夜間は寝台特急として走るという画期的な電車だった。一人二役をこなすため、特急では珍しいボックス型の座席配置になっていた。

上野駅まで父が見送りに来た。妹はまだ小さく、指定席は二席分しかとらなかった。母は私に窓側の席を譲り、向かい合わせの席に座った二人連れにどこまで行くのか尋ねた。ボックス型の座席だったから、何も話しかけないほうが不自然に思えた。

上野を10時15分に出た「はつかり１号」は、尻内に17時38分に着いた。尻内は現在の八戸駅。改札を出ると伯母たちが待っていた。会うのは初めてだった。伯父が運転する車に乗り、さっそく伯母の家に向かった。

それから過ごした二週間というのが、まるで夢のようだったのだ。伯父は連日のように車を運転し、私たちを県内各地に連れて行ってくれた。奥入瀬渓流、十和田湖、八甲田山、小川原湖、恐山、尻屋崎……。青森市内ではねぶたを、大湊港では原子力船「むつ」を見物した。伯母やいとこも一緒だった。

道が渋滞した奥入瀬渓流では伯父の機転で車から降り、滝を巡る遊歩道を歩いた。十和田湖では皆が遊覧船に乗っている間に伯父が車で先回りし、船着き場で待っていた。あの間、伯父は仕事を休み、私たちのために尽くしてくれたのか。いまとなっては、もう確かめようがない。

というのも、家の事情で母は伯母と会わなくなり、伯父やいとことも二度と会うことがなかったからだ。

上野駅から乗った「はつかり」の横に立つ私の写真が残っている。幼かった私を「夢の国」へと連れて行ってくれた特急だ。奥入瀬渓流も十和田湖も恐山も、あのときの美しい思い出のなかで輝きを増しつつある。

両国駅と天王寺駅のうどん

東京のＪＲ両国駅には、千葉と三鷹を結ぶ中央・総武線の各駅停車が乗り入れている。両国止まりはなく、ホームには千葉方面と三鷹方面の双方が発着する。こういうホームは「通過式」と呼ばれる。

実は両国駅には、もう一つのホームがある。こちらは行き止まり式で、千葉方面の電車しか発着できない。しかもこのホームは、ふだん全く使われていないのだ。

両国駅はもともと房総半島の各地に向かう列車が発着するターミナル駅で、一九九一（平成三）年まで特急や急行が発着した。行き止まり式のホームはその名残でもある。

大阪のＪＲ天王寺駅にも、通過式のホームと行き止まり式のホームがある。

ＪＲ天王寺駅には大阪環状線、関西本線（大和路線）、阪和線が乗り入れている。このうち大阪環状線と関西本線のホームは通過式だが、阪和電気鉄道を前身とする阪和線のホームは行き止まり式になっている。

普段は立ち入ることのできない両国駅の３番ホームに入ってきた臨時列車を撮影する人たち＝東京都墨田区

確かに両国駅とは違い、行き止まり式のホームには電車が頻繁に発着する。しかし、関西空港や紀伊半島に向かう特急がこのホームに入ることはない。かつて特急や急行が発着したホームには、せいぜい大阪近郊に向かう電車しか発着しないからだ。この点では両国駅同様、行き止まり式の立派なホームが「宝の持ち腐れ」になっている。

両国駅と天王寺駅の類似点はこれだけでない。どちらも行き止まり式のホームでうどんが食べられたのだ。

五一（昭和二六）年に両国から安房鴨川ゆきの普通列車に乗ろうとした林芙美子は、駅のホームで「電話室のやうな箱店から、もうもうと湯気が立ち上り、二三人、美味さうに、丼をかゝへてうどんをすゝりこんでゐる」（「房州白浜海岸」）のを見た。

この光景につられて芙美子も食べてみた。「肉もかまぼこもはいり、熱くて美味い。量もかなりある。（中略）うどんをすゝりながら、家族さへなければ、一生涯、こんな旅行を続けるのも悪くない気がした」（同）

私自身、中学二年だった七七年三月に天王寺駅で似たような体験をしている。紀伊勝浦から乗った急行「紀州2号」は、天王寺に19時44分に着いた。行き止まり式ホームの一角に湯気が立ち、客が集まっているのが見えた。みな両手に丼をしっかりと持ち、うどんをすすっている。芙美子が見たような「箱形」の店ではない。夕方の帰宅時間帯に、露天の店が堂々とホームを占拠していたのだ。

つられて私も並び、きつねうどんを注文した。丼は使い捨てのもので、客は食べ終わるや残り汁をドラム缶に投げ入れ、丼と箸をゴミ箱に捨てていた。東京で見たことのない光景がそこにあった。まるで焼け跡の闇市のような光景だと思った。

北海道最高地点の終着駅

高倉健が主演した映画「駅　STATION」の舞台となった留萌本線の増毛《ましけ》駅、閉山しても駅名が変わらなかった万字《まんじ》線の万字炭山駅……。かつて北海道には、魅力あふれる終着駅がたくさんあった。しかしそれらは、ほとんど廃止されてしまった。

高校一年だった一九七八（昭和五三）年の夏休みに半月かけて北海道の国鉄全線に乗ったことは「倶知安《くっちゃん》の天ぷらそばとの再会」（『歴史のダイヤグラム』所収）で触れた。当然、道内の終着駅もすべて訪れたが、最も深く印象に残っているのは、根室本線の帯広から分かれて北上する士幌線の十勝三股《とかちみつまた》という駅だ。この駅もいまはない。

七月二八日、苫小牧を早朝に発ち、日高本線とバスを乗り継いで襟裳《えりも》岬を回り、広尾駅に着いた。帯広から分かれて南下する広尾線の終着駅だった。同線の途中には愛国駅と幸福駅があり、「愛国から幸福ゆき」という切符が人気を集めていた。

ほかに新生《しんせい》駅と大樹《たいき》駅もあり、広尾駅の窓口では「新生から大樹ゆき」という切符も売

士幌線の終着駅だった十勝三股駅＝1978年７月28日、著者撮影

っていた。子どもの誕生祝いに一枚と宣伝している。国鉄らしからぬ強引な商法が目を引いた。

広尾13時１分発帯広ゆきの列車は混んでいた。乗客の多くは大学生だった。当時はまだ海外旅行が一般的でなかったのだ。列車が幸福駅に着くと、彼らはいっせいにホームに飛び出し、駅名標の前で代わる代わる写真を撮った。この光景が続く限り、広尾線はなくならないと感じたものだ。

帯広に着くと、16時37分発十勝三股ゆきの列車に乗り換えた。もう大学生はいなかった。しばらくは十勝平野を走る。広々とした耕地にサイロが点在する単調な風景。それでも北に向かうにつれ、大雪連峰が迫ってきた。

黒石平を過ぎると糠平《ぬかびら》湖が現れた。五六年に完成した人造湖で、湖畔には温泉もある。列車は湖の縁をたどりながら糠平に着いた。観光客が降りてしまうと、二両編成の列車はほぼ空になった。

18時56分、列車は十勝三股に着いた。標高は六六一メートルと北海道の駅で最も高く、帯広から六〇〇メートル以上も上ったことになる。まだ明るかったが空気は冷たかった。

この駅を発着する列車は一日に四本しかなかった。それでも駅員はいて、切符を売っていた。広尾駅のような商売っ気はまるでなく、廃止は時間の問題と思われた。

案の定、この年の一二月に士幌線の糠平―十勝三股間の列車運行が休止され、代行バスに転換された。これは今日にまで続く赤字ローカル線のバス転換の先駆けだった。

高原の山小屋を思わせる十勝三股駅の写真が残っている。だだっ広い駅前は、林業で栄え、営林署関係だけで二〇〇世帯が住んでいた時代の痕跡だろうか。

亡き父と乗った下河原線

東京都府中市にある東京競馬場の最寄り駅として、JRの府中本町駅と京王の府中競馬正門前駅がある。しかし国鉄時代には、もうひとつ駅があった。その名も東京競馬場前駅。中央線の国分寺から分岐する中央線支線、通称下河原線の終着駅だった。

平仮名にすると「とうきょうけいばじょうまえ」と一三字になる。臨時乗降場だった上越線の岩原《いわっぱら》スキー場前（新潟県）と並び、日本一長い国鉄の駅名としても知られていた。

下河原線に一度だけ乗ったことがある。その日ははっきり覚えている。一九七三（昭和四八）年三月三一日。同線最後の旅客営業日に当たる日だ。翌日に府中本町を起点とする武蔵野線が開業するのに伴い、ルートが重なる下河原線は不要とされたのだ。

下河原線の中間駅は北府中しかなかった。この駅は武蔵野線の駅として存続したのに対し、東京競馬場前駅は府中本町駅に統合され、下河原線と運命をともにした。

三月三一日、私は父に連れられ、まず東京競馬場を訪れた。すでに府中本町駅には、翌

下河原線の東京競馬場前駅のホームに立つ著者＝1973年３月31日、父稔氏撮影

日開業する武蔵野線の真新しいホームができていた。競馬場から東京競馬場前駅に行くには、南武線や武蔵野線の線路を横断するガード下の歩道を通り、同駅の反対側に出なければならなかった。

駅に着くと、細長いホームに国分寺ゆきの電車が入っていた。中央線と同じ橙色の１０１系と呼ばれる電車だった。

最後の日に別れを惜しむ鉄道ファンや競馬ファンらしき客で、車内はとても混んでいた。前方が眺められる先頭車両の運転台付近に、何とか立つことができた。

電車は発車すると右に大きく曲がり、南武線の府中本町―分倍河原間の線路を立体交差して北に向かった。まもなく左手に東芝府中工場（現・府中事業所）が見えてきたかと思うと北府中駅に着く。このとき父の心中にはこみ上げるものがあったはずだ。

というのも、父は大学時代、「玉電」と呼ばれた東急玉川線の玉電池尻停留場（世田谷区）から、渋谷、新宿、国分寺を経由し、大学の最寄り駅だった北府中まで通っていたからだ。当時の北府中は富士見といい、仮乗降場だったため、通学定期の区間は「玉電池尻—東京競馬場前」となっていた。だが小学生の私は、下河原線と父との浅からぬ縁について全く知らなかった。

二〇二二年七月三〇日、父が老衰で死去した。幼少期の私は、父に連れられ、乗ったことのない多くの線に乗った。下河原線に乗った翌日の七三年四月一日にも、開通したばかりの武蔵野線に府中本町から新松戸まで父と乗っている。

それらの思い出は、忘れようとしても忘れることはできない。私は父のようなウイルス学者にはならなかったけれど、「鉄学者」にはなったのである。

国鉄に育てられた私

二〇二二年一〇月一四日、日本の鉄道は新橋―横浜間が開業してからちょうど一五〇年を迎えた。その歴史を振り返ってみると、少なくとも二〇世紀末までは「官」の役割が大きかったことがわかる。

確かに初期には日本鉄道、山陽鉄道などの私鉄が路線を延ばしたが、それらの大部分は一九〇六（明治三九）年の鉄道国有法により買収された。四九（昭和二四）年に公共企業体として日本国有鉄道（国鉄）が発足しても、国有鉄道という性格は維持された。

二〇世紀前半からモータリゼーションが始まった欧米とは異なり、日本では戦後もなお鉄道が交通の主役であり続けた。「戦前」「戦後」という区分は、鉄道に関する限り必ずしも当てはまらない。むしろ大きな変化は、日本でもモータリゼーションが進み、高速道路が整備される六〇年代以降に起こったといえる。

もちろん国鉄も、相次ぐダイヤ改定を通して近代化や高速化を図ろうとした。電化や複

2009年に中央線の小淵沢―甲府間で復活運転された旧型客車列車。新宿駅の旧３番線に止まっていた客車と同種だ

線化が進み、六四年には東海道新幹線が開業した。地方で赤字ローカル線が廃止されても、戦前に鉄道網が確立された都市部では、鉄道の優位が揺るがなかった。

他方で七〇年代には、まだ鉄道省時代の面影を残す列車が、日本一乗降客数の多かった新宿駅にすら残っていた。当時の3番線に10時51分に入線し、12時８分に発車した松本ゆきの普通列車がまさにそれだ。昭和初期に登場した新宿12時30分発長野ゆき普通列車の後身に当たり、電気機関車が客車を引っ張る編成も変わっていなかった。

二一年に出した『歴史のダイヤグラム』で記したように、私は小学六年だった七四年にこの列車に魅せられ、毎週日曜日に車内で弁当を食べるため、３番線に一時間あまり止まっていた列車に乗り込む習慣を続けた。数分おきに電車が入ってくる新宿駅の中央線ホームで、まるでそこだけが「戦前」と変わらない空間を保っていた。経済合理性や効率の観点から言えば、そもそもこんな列車が残っていること自体、大いなる無駄以外の何物でもなかった。

だが今から思えば、この車内で過ごした時間にこそ、少なからぬ意味があった。過去と現在をつなぐ鉄道の奥深さを、間違いなく垣間見たからだ。その意味で私は、赤字が膨らんだ時期の国鉄に育てられたと思っている。

八七年に国鉄は解体され、新たにＪＲが発足した。鉄道一五〇年の歴史のなかで、最大の分岐点だった。経済合理性や効率がすべてに優先され、いかにして採算を上げるかが至上命題となった。モータリゼーションが地方の隅々にまで行き渡り、「鉄道の時代は終わった」とまで言われた。

これから先、私のような意識をもつ人間が現れることはあるまい。

根府川の海

東海道本線に根府川《ねぶかわ》という無人駅がある。相模湾を望む崖の上に立つ神奈川県の駅だ。ホームからの眺めは、おそらく沿線随一だろう。

一九六四（昭和三九）年に東海道新幹線が開通するまで、東海道本線は交通の大動脈だった。数多くの特急や急行がこの駅を通過し、長距離の普通列車がこの駅に停まった。現在の木造駅舎は関東大震災の翌年、二四（大正一三）年に建てられたものだ。

愛知県で育った詩人、茨木のり子もまた、東京と故郷を往復するため、しばしば東海道本線の列車に乗った。五三年に発表された「根府川の海」という詩はこう始まる。

「根府川／東海道の小駅／赤いカンナの咲いている駅〳〵たっぷり栄養のある／大きな花の向《むこ》うに／いつもまっさおな海がひろがっていた」

根府川駅に咲く赤いカンナと、車窓から見える青い海。その対照が茨木の目をひきつけた。脳裏には四五年の空襲のあと東京を発ち、下り列車に乗ってこの駅を通ったときの記

東海道本線根府川—真鶴間の白糸川橋梁を渡る下り普通電車＝1979年3月、著者撮影

憶がよみがえった。

「燃えさかる東京をあとに／ネーブルの花の白かったふるさとへ／たどりつくときも／あなたは在った〃丈高いカンナの花よ／おだやかな相模の海よ」

地獄絵のような光景の広がる東京をあとにしたときも、根府川には前に見たのと変わらない風景があったのだ。あれから八年。「女の年輪をましながら／ふたたび私は通過する」と詩は続く。

なぜこの詩にひきつけられるのか。私自身も高校時代に根府川の風景に魅せられ、東海道本線の列車を撮影するため、何度かこの駅を降りたことがあるからだ。

すでに新幹線が開通していたため、東海道本線には夜行の特急、急行や東京と伊豆を結ぶ特急などを除いて、優等列車が走っていなかった。とはいえ電車が相模湾をバックに根府川駅を出てすぐ白糸川にかかる橋梁を渡る光景は見ごたえがあった。電車の色がミカンを思わせる橙と緑に塗られていて、ミカン畑の広がる周囲の山々にもすんなりとけ込んでいた。

当時、ミカン畑から白糸川橋梁を渡る下り電車を撮影した写真が残っている。直接は見えないが左側に根府川駅があり、右側には相模湾が淡く広がっている。

あれからもう半世紀近くが経った。ミカン色に塗られた電車はなくなった。旅行や出張でも東海道新幹線を利用することが多くなり、この駅を通る回数は減った。

それでも東海道本線に乗ると、根府川の風景にひきつけられるのは昔と変わらない。それは茨木のり子のように、自らの年輪を重ねたことを確認させられるからだ。どれほど歳月を経ようが、根府川はいつも変わらぬ姿で私を迎えてくれる。

一色のうなぎと名鉄蒲郡線

現在、愛知県西尾市に編入されている旧一色町は、全国のうなぎ生産量ではトップクラスで、約五分の一を占める。だがその知名度に反して、旧一色町がどこにあるかを正確に言える人はあまりいないだろう。

その一因は、旧一色町に鉄道がないことにある。かつては町内に名鉄三河線が走っていて、三河一色という駅もあったのだが、二〇〇四(平成一六)年に廃止されてしまった。代行バスが走っているものの、本数が少ないうえ、うなぎの店が集まる一色港の周辺は経由しない。首都圏から行くにはきわめて不便なところにあるのだ。

それでもうなぎ好きとしては、ぜひ一度訪れてみたい、できればなるべく鉄道を使って行きたいと思っていた。そのためには、豊橋で東海道新幹線からJR東海道本線に乗り換えて蒲郡《がまごおり》まで行き、さらに名鉄蒲郡線に乗り換えるのがベストだろう。

二〇二二年一二月一三日の午前10時過ぎ、JR蒲郡駅に降り立った。高架駅で、高架の

吉良吉田行きの名鉄蒲郡線の普通電車＝愛知県蒲郡市の名鉄蒲郡駅、著者撮影

名鉄蒲郡駅が隣接している。間もなく入線した電車は二両編成のワンマンで、名鉄ならではの真っ赤な電車だった。私が乗った二両目は終点まで扉が開かないせいか、三人しか乗っていない。

名鉄は大手私鉄のなかで営業キロが三番目に長い私鉄で、乗ったことのない線が多い。蒲郡線もその一つだった。走り出すとしばらくは人家の立て込んだ市街地を走る。それが途切れると左手に三河湾が広がり、小さな半島の突端のあたりにホテルが建っているのが見える。西浦温泉だ。かつては名古屋方面から特急が蒲郡線に乗り入れていたが、いまでは普通だけとなり、廃線の危機が語られるまでになってしまった。

11時9分、終点の吉良《きら》吉田に着く。三河線がこの駅から一色方面に延びていた時代の面影はもはやなく、終着駅のように線路が断絶していた。一色港に行くには、タクシーに乗るしかない。

駅前に一台止まっていたタクシーに乗ると、一〇分あまりで港に着いた。漁協直営の大きな店に入る。正午前なのにもう席が埋まっている。当店おすすめという「うな肝丼」を注文すると、ご飯のうえにかば焼きと肝焼きが半分ずつ載った丼が運ばれてきた。かば焼きも肝焼きも弾力のある歯ごたえで、値段も手ごろだった。客はほぼ全員が自家用車で来ていて、県内の住民のように見えた。

名鉄は蒲郡線を活用するとともに吉良吉田から一色港までバスを走らせ、全国のうなぎ通に宣伝すれば、首都圏からでも食べに来る客は増えるはずだ。蒲郡線が地元の生活路線としてしか使われていないのは、あまりにもったいないではないか。

あとがき

二二二頁に、本書のタイトルにもなっているダイヤグラムの実物の写真がある。時刻を横軸、距離を縦軸にとり、起点から終点までの駅名を縦軸上に配置したもので、スジと呼ばれる斜線がいくつも交差している。

このダイヤグラムをもとに、各駅の発着時刻が一目でわかるようにした表こそ、毎月市販されている時刻表にほかならない。

自宅には、明治から令和まで百数十年におよぶ時期の時刻表が一六〇冊以上ある。明治から一九六〇年代までの時刻表は日本交通公社（ＪＴＢ）や新人物往来社が発売した復刻版を買いそろえたが、七〇年代以降の時刻表は発売された当時のものだ。一〇〇〇頁を超える分厚い号もあれば、わずか紙切れ一枚しかない号もある。

これらの時刻表を見れば、いつの時代であろうが、どの列車がどの駅を何時何分に出発し、どの線を経由してどの駅に何時何分に着いたかが一目瞭然となる。本書で取り上げた人物の乗る列車の出発時刻や到着時刻を分単位で正確に記すことができたのは、ひとえに時刻表が残っているおかげである。

そこからさまざまな想像が湧いてくる。

あの人物が鉄道で移動した日の天気や気温はどうだったか。日の出や日の入りは何時ごろで、どのあたりで空が明るくなり、どのあたりで暗くなったか。どういう客が乗り合わせていたか。窓の外にはどういう景色が広がっていたか。列車に乗っている時間に何を考えていたのか……。

松本清張の名作『点と線』のなかに、犯人の一人である安田亮子が時刻表を見る楽しさについて記した「数字のある風景」と題する文章がある。

私がこうして床の上に自分の細い指を見ている一瞬の間に、全国のさまざまな土地で、汽車がいっせいに停《とま》っている。そこにはたいそうな人が、それぞれの人生を追って降りたり乗ったりしている。私は目を閉じて、その情景を想像する。そのようなことから、この時刻には、各線のどの駅で汽車がすれ違っているかということまで発見するのだ。たいへんに愉しい。汽車の交差は時間的に必然だが、乗っている人びとの空間の行動の交差は偶然である。私は、今の瞬間に、展《ひろ》がっているさまざまな土地の、行きずりの人生をはてしなく想像することができる。

このような想像は、道路事情によって正確な時間を予測できない自動車では不可能である。しかもルートがしばしば変わる幹線道路とは異なり、線路は幹線であっても、敷設された当時と同じルートにいまもあることが多い。ＪＲ中央本線と同線に並行する甲州街道や中山道の双方を比べてみれば、違いに気づくはずだ。

たとえ時の経過とともに沿線の開発が進もうが、地形そのものが変わることはない。駅やトンネルや鉄橋がある場所はもとより、列車に乗っていて海や山や湖などが見えてくるタイミング自体は、案外変わっていないのである。

復原された東京駅丸の内駅舎のような例外もあるにせよ、日本では欧州と異なり、都市の建築物をどんどん新しくしてゆく。しかし列車に乗れば、時に一世紀もの時間を飛び越え、先人と同じような体験ができることも少なくない。「今の瞬間」だけでなく、「過去の瞬間」にも立ち会えるのが鉄道の特徴とは言えまいか。

本書は、二〇二一年九月に刊行した『歴史のダイヤグラム』（朝日新書）の続編であり、朝日新聞土曜別刷り「be」４面で連載している「歴史のダイヤグラム」の二一年六月五日から二三年二月一一日までの八〇回分をまとめて一冊にしたものである。連載当時の文章のままでは事実関係や表記に問題があると見なされる箇所を直した以外、加筆修正は必要最小限にとどめた。

この間、二二年二月にはウクライナにロシア軍が軍事侵攻した。「田園都市線が継ぐ『智恵』」や「亡き父と乗った下河原線」で触れたように、ほぼ時を同じくして父が倒れ、七月に死去した。公私ともに大きな出来事が重なったのだ。本書には前作と異なり、こうした影が色濃く反映している。

もう一つ、前作との違いがある。もっぱら自宅の最寄り駅からやや離れた東京郊外のある駅前の喫茶店で書かれたことだ。午前九時の開店とほぼ同時に入り、客の少ない午前中にコーヒーを飲みながら集中して書くことが多かった。今時珍しい昭和のたたずまいを残すその店の空気もまた、いくばくかの影響を与えているかもしれない。

コロナ禍が収束せず、対面で人になかなか会えず、ふさぎがちな日々が続くなかで、「歴史のダイヤグラム」の連載は外から射してくる一条の光となった。「毎週の連載は大変でしょう」と言われることがあったが、そんなことはなかった。不思議なことに、ネタには全く困らなかったのだ。

指定された新聞の枠組みを最大限使い、いかにして文章の精度を上げ、凝縮された文章に仕上げてゆくか――。邪念を払いのけ、その作業に心身ともに集中できる時間は、まさにかけがえのないものだった。

毎回送られてくる読者からの反響は、自分がより広い世界とつながっているという確信を抱かせた。鉄道が世代や性別や住んでいる地域を超えて、いかに多くの人々の経験を共有させる媒体となっているかを実感させられた。

二一年六月から二二年三月までの連載分については、前作同様、朝日新聞文化くらし報道部記者の太田匡彦さんのお世話になった。同年四月からは同部記者の斉藤勝寿さんに担当が変わったが、連載はいまも続いている。鉄道好きの斉藤さんのアドバイスに助けられることも少なくない。朝日新聞出版の福場昭弘さんには、前作の編集を担当された同出版の小柳暁子さん同様、連載を新書にまとめるのに際してご尽力いただいた。いずれの方々にも、心より御礼申し上げたい。

本書を亡き父に捧げる。

二〇二三年三月二一日

原　武史

初出一覧

「歴史のダイヤグラム」――朝日新聞土曜別刷り「be」　二〇二一年六月五日～二〇二三年二月一一日

第一章

出雲大社へと至る鉄路　二〇二一年九月一八日
駅名から見える官民関係　二〇二一年一〇月二日
皇太子夫妻のハネムーン　二〇二一年一一月六日
戦後初めての御召列車　二〇二一年一二月一八日
権力者とダイヤの関係は　二〇二二年一月一五日
元老・西園寺公望の上京　二〇二二年二月一九日
「敵國降伏」を祈願する首相　二〇二二年四月二三日
歓迎が難しい車移動　二〇二二年五月一四日
「氷川市」に込めた思い　二〇二二年五月二一日
列車から初めての日本海　二〇二二年六月四日
「平和の神」としての天照大御神　二〇二二年七月一六日
「国づくり」の本拠地を訪ねて　二〇二二年一〇月二二日
開戦と皇太后の「疎開」　二〇二二年一二月三日
皇居に通った侍従の悩み　二〇二二年一二月一七日
秩父宮と御殿場線の臨時列車　二〇二三年二月四日

第二章

第三章

第四章

モノレールと鉄道の「秩序」　二〇二一年七月一七日
「西口」とつく駅名の東西　二〇二一年九月二五日
鶴見事故が左右する運命　二〇二一年一〇月一六日
原敬暗殺事件と関東大震災（原題・100年前の原敬暗殺事件）　二〇二一年一〇月三〇日
片仮名の駅と平仮名の駅　二〇二一年一一月二七日
列車内で靴を脱ぐ日本人　二〇二二年一月八日
路面電車から地下鉄へ　二〇二二年一月二二日
軍人像から裸婦像への変化　二〇二二年一月二九日
列車に乗らないマッカーサー　二〇二二年二月二六日
地下鉄が防空壕になる日　二〇二二年三月一九日
三等寝台がない特急へいわ　二〇二二年四月一六日
TX延伸への期待　二〇二二年六月二五日
「参謀」は鉄路で逃亡せり　二〇二二年七月二日
石橋湛山と身延山　二〇二二年八月六日
日本共産党と五色温泉　二〇二二年一一月一九日
東條英機が訪れた四万温泉　二〇二三年一月一四日
「全学連列車」と呼ばれた急行　二〇二三年一月二一日

第五章
あの駅前食堂はどこへ　二〇二一年六月一二日

車窓からの風景とサルトトル　二〇二一年六月二六日
壁のように見えた山並み　二〇二一年七月一〇日
ダイヤを入手、原点の論文に　二〇二一年七月三一日
大阪万博からの帰り道　二〇二一年八月二一日
18きっぷで普通列車の旅　二〇二二年三月五日
たどり着いた神保町は今　二〇二二年四月九日
臨時快速がもたらした恩恵　二〇二二年四月三〇日
「はつかり」で夢の国へ　二〇二二年五月二八日
両国駅と天王寺駅のうどん　二〇二二年七月二三日
北海道最高地点の終着駅　二〇二二年七月三〇日
亡き父と乗った下河原線　二〇二二年九月二四日
国鉄に育てられた私　二〇二二年一〇月一五日
根府川の海　二〇二二年一〇月二九日
一色のうなぎと名鉄蒲郡線　二〇二三年二月一一日

原　武史 はら・たけし

1962年東京都生まれ。早稲田大学政治経済学部卒業。東京大学大学院博士課程中退。放送大学教授。明治学院大学名誉教授。専攻は日本政治思想史。著書に『「民都」大阪対「帝都」東京』(サントリー学芸賞)、『大正天皇』(毎日出版文化賞)、『鉄道ひとつばなし』、『滝山コミューン一九七四』(講談社ノンフィクション賞)、『昭和天皇』(司馬遼太郎賞)、『一日一考　日本の政治』、『歴史のダイヤグラム』など多数。

朝日新書
906

歴史《れきし》のダイヤグラム〈2号車《ごうしゃ》〉

鉄路に刻まれた、この国のドラマ

2023年５月30日第１刷発行
2023年６月30日第２刷発行

著　者　原　武史

発行者　宇都宮健太朗
カバーデザイン　アンスガー・フォルマー　田嶋佳子
印刷所　凸版印刷株式会社
発行所　朝日新聞出版
〒104-8011　東京都中央区築地5-3-2
電話　03-5541-8832（編集）
　　　03-5540-7793（販売）

Published in Japan by Asahi Shimbun Publications Inc.
ISBN 978-4-02-295218-9
定価はカバーに表示してあります。

落丁・乱丁の場合は弊社業務部(電話03-5540-7800)へご連絡ください。
送料弊社負担にてお取り替えいたします。

朝日新書

70代から「いいこと」ばかり起きる人

和田秀樹

最新科学では70歳以上の高齢者に関するポジティブなデータが発表され、「お年寄り」の実態は昔と今では大きく違っていた。これまで「高齢者の常識」を覆し続けてきた著者が、気休めではない最新の知見をもとに加齢によるいいことをアップデートし、幸福のステージに向かうための実践術を提案!!

朽ちるマンション　老いる住民

朝日新聞取材班

管理会社「更新拒否」、大規模修繕工事の水増し請求、認知症の住民の増加——。建物と住民の高齢化問題に直面した人々の事例を通し、マンションという共同体をどう再生していくのかを探る。「朝日新聞」大反響連載、待望の書籍化。

お市の方の生涯

「天下一の美人」と娘たちの知られざる政治権力の実像

黒田基樹

お市の方は織田家でどのような政治的立場に置かれていたか？　浅井長政との結婚、柴田勝家との再婚の歴史的・政治的な意味とは？　さらに3人の娘の動向は歴史にどう影響したのか？　史料が極めて少なく評伝も皆無に近いお市の方の生涯を、最新史料で読み解く。

朝日新書

歴史のダイヤグラム〈2号車〉
鉄路に刻まれた、この国のドラマ

原　武史

天皇と東條英機が御召列車で「戦勝祈願」の旅。戦犯指名から鉄道で逃げ回る辻政信。太宰治『人間失格』は「鉄道知らず」。落合博満と内田百閒、発車直前の歩調。あの時あの人が乗り合わせた鉄道だけが知っている大事件、小さな出来事――。朝日新聞土曜「be」好評連載の新書化、待望の第2弾。

親の終活 夫婦の老活
インフレに負けない「安心家計術」

井戸美枝

親の介護、見送り、相続や夫婦の年金、住まい、子どもの将来まで、頭が痛い問題が山積みになる定年前後。制度改正の複雑さや物価高も悩みのタネ。人生100年時代、まだ元気なうちに備えておきたいポイントをわかりやすく解説し、老後のお金の不安を氷解させる。

「単純化」という病
安倍政治が日本に残したもの

郷原信郎

政治の〝1強体制〟は、日本社会にどのような変化をもたらしたのか。森友・加計・桜を見る会……。「法令に違反していない」「解釈を変更した」と開き直り、逃げ切る「スタイル」の確立は、「多数決」ですべての物事を押し通せることを示し、分断を生んだ。問題の本質を見失ったままの状態が続く日本の病に、〝物言う弁護士〟が切り込む。